Lecture Notes in Mathematics

A collection of informal reports and seminars
Edited by A. Dold, Heidelberg and B. Eckmann, Zürich

300

Pierre Eymard
Institut Elie Cartan, Nancy/France

Moyennes Invariantes et Représentations Unitaires

Springer-Verlag
Berlin · Heidelberg · New York 1972

AMS Subject Classifications (1970): Primary: 22-02, 22D10, 22D30, 43-02, 43A07
Secondary: 22A10, 22D15, 22E25, 22E43, 43A35, 43A80, 47-02, 47D10

ISBN 3-540-06086-3 Springer-Verlag Berlin · Heidelberg · New York
ISBN 0-387-06086-3 Springer-Verlag New York · Heidelberg · Berlin

Offsetdruck: Julius Beltz, Hemsbach/Bergstr.

TABLE DES MATIERES

INTRODUCTION

Au cours de ces dernières années est apparue une classe de groupes localement compacts remarquable du point de vue de l'Analyse Harmonique : celle des groupes <u>moyennables</u> (ou <u>aménables</u>). On peut l'introduire à l'aide de plusieurs définitions équivalentes, qui concernent des notions en apparence assez éloignées les unes des autres : existence de moyennes invariantes ; propriété du point fixe ; "weak containment", à la J.M.G. Fell, de représentations unitaires ; propriétés de Reiter ; propriétés de Følner ; propriétés des opérateurs de convolution dans L^p ; propriétés de l'algèbre de Fourier ou, plus généralement, des algèbres A_p du groupe, etc...

Une partie de la théorie des groupes moyennables consiste précisément à prouver <u>l'équivalence</u> de ces diverses définitions. D'abord éparpillés dans de nombreux articles, les résultats sont maintenant en grande partie regroupés dans deux livres récents, l'un par F.P. Greenleaf [1] , l'autre par H. Reiter [1] , Chapitre 8.

Dans ces conférences, j'ai voulu exposer une partie de la question, tout en la plaçant dans un contexte plus général, et d'abord celui d'un <u>espace homogène</u> G/H , où H est un sous-groupe fermé du groupe localement compact G . Le cas intéressant est celui où ni G , ni H ne sont moyennables, mais où l'on cherche s'il y a néanmoins sur G/H une "moyennabilité". Pour fixer les idées, disons que G/H est moyennable, si, sur l'espace vectoriel des fonctions uniformément continues bornées sur G/H , on peut trouver une moyenne (i.e. une forme linéaire positive normalisée), qui soit invariante par l'action de G . Nous montrons l'équivalence de cette propriété avec quelques autres, par exemple avec une propriété de point fixe pour G conditionnelle à H (Exposé n° 1), ainsi qu'avec une formule qui généralise un résultat de H. Reiter et I. Glicksberg (Exposé n° 2). A l'exposé n° 3, nous indiquerons notamment un critère, en termes de représentations unitaires, pour que G/H soit moyennable : il faut et il suffit que la représentation unitaire triviale (de dimension un) i_G de G soit faiblement contenue, au sens de J.M.G. Fell, dans la représentation quasi-régulière de G dans l'espace hilbertien $L^2(G/H)$. Ce critère est appliqué à l'étude de certains espaces homogènes de groupes semi-simples.

Mais ceci suggère une nouvelle généralisation. La représentation quasi-régulière de G dans $L^2(G/H)$ n'est autre, en effet, que la représentation <u>induite</u> dans G , au sens de G.W. Mackey, par la représentation <u>triviale</u> i_H de H . De là l'idée de considérer une représentation π induite dans G par une représentation σ de H , où σ n'est plus la représentation triviale, mais reste de dimension un, dans un premier temps, pour simplifier. Le problème est alors de <u>traduire la propriété que</u> i_G <u>soit faiblement contenue dans</u> π <u>par diverses propriétés d'aménabilité adaptées au triplet</u> (G, H, σ), l'existence de certaines moyennes invariantes par exemple. Dans cette voie, nous avons obtenu quelques résultats, que nous présenterons à l'Exposé n° 4, dans le cas particulier où le sous-groupe H est distingué et facteur semi-direct dans G . L'auteur est convaincu qu'une théorie générale de la moyennabilité devrait pouvoir être édifiée dans le cas d'une représentation unitaire π quelconque, tout au moins si π est une représentation induite. Mais les exposés 2 et 4 montrent qu'une difficulté sérieuse reste à vaincre : l'absence en général, dans l'espace de représentation, de vecteurs "positifs" analogues aux fonctions positives de $L^2(G/H)$ dans le cas des représentations quasi-régulières.

Un certain nombre de résultats exposés ici sont, à la connaissance de l'auteur, nouveaux ; quelques-uns ont été résumés dans une note aux Comptes-Rendus de l'Académie des Sciences de Paris (cf. P. EYMARD, [1]).

J'exprime mon amicale reconnaissance aux membres du Département de Mathématiques de Mc Gill University, et tout particulièrement au Professeur Carl S. Herz, pour leur invitation à exposer ces questions au Séminaire de Recherche Actuelle en Analyse, à Montréal, en février 1971. Les dicussions qui s'ensuivirent, et les suggestions de C. Herz, ont notablement contribué à améliorer les résultats et à simplifier la rédaction. Je remercie vivement Mme M. Hamadi, qui a assuré la réalisation matérielle de ce texte.

Exposé n° 1. MOYENNES INVARIANTES ET PROPRIETES DU POINT FIXE

Dans ce premier exposé, les groupes topologiques considérés ne sont pas nécessairement localement compacts. Nous montrons l'équivalence entre la moyennabilité de l'espace homogène G/H et une propriété de point fixe pour G conditionnelle à H . Nous généralisons ainsi aux espaces homogènes un théorème démontré par M. Day [1] pour les groupes discrets, et par N.W. Rickert [1] pour les groupes topologiques. Enfin nous donnons des exemples et contre-exemples de moyennabilité.

§ 1. Généralités sur les moyennes

Soit X un ensemble, et soit E un espace de Banach, pour la norme de la convergence uniforme sur X , de fonctions complexes bornées sur X , tel que $1 \in E$, et tel que : $f \in E$ entraîne $\bar{f} \in E$.

Une moyenne sur E est une forme linéaire m sur E telle que $m(1) = 1$ et telle que, pour toute $f \in E$,

$$m(\bar{f}) = \overline{m(f)} \quad ; \quad f \geqslant 0 \text{ entraîne } m(f) \geqslant 0 .$$

Une telle forme est nécessairement continue, de norme un.

Par exemple, si $s_1 , \dots , s_n$ sont dans X , et si $c_1 , \dots , c_n$ sont des nombres positifs tels que $\sum_{i=1}^{n} c_i = 1$, alors $f \mapsto \sum_{i=1}^{n} c_i f(s_i)$ est une moyenne sur E . De telles moyennes sont dites à support fini, et notées $\sum_{i=1}^{n} c_i \varepsilon_{s_i}$.

LEMME 1. Soit E' le dual topologique de E . Pour la topologie faible de dualité $\sigma(E',E)$, l'ensemble $\mathcal{M}$ des moyennes sur E est compact, et l'ensemble $\mathcal{M}_o$ des moyennes sur E à support fini est dense dans $\mathcal{M}$.

Démonstration : $\mathcal{M}$ est faiblement fermé dans la boule-unité de E' , donc faiblement compact. Supposons, par l'absurde, l'existence d'une m telle que $m \notin \overline{\mathcal{M}_o}$. Puisque $\mathcal{M}_o$ est convexe, d'après le théorème de Hahn-Banach il existerait $f \in E$ telle que :

$$\begin{cases} \text{pour toute } \mu \in \mathcal{M}_o , & \mathcal{R}e\,[\mu(f)] = \mu(\mathcal{R}e\, f) \leq 1 ; \\ \mathcal{R}e\,[m(f)] = m(\mathcal{R}e\, f) > 1 . \end{cases}$$

En particulier, on aurait : $\sup_{x \in X} \mathcal{R}e\, f(x) \leq 1$, donc, puisque m est une moyenne :

$$m(\mathcal{R}e\, f) \leq m(1) = 1 ,$$

ce qui est contradictoire.

Voici maintenant un lemme qui pourrait être le début d'une théorie de l'intégration vectorielle relativement à une moyenne m sur E .

LEMME 2. Soit L un espace localement convexe séparé. Soit L' le dual topologique de L . Soit Q un ensemble convexe compact dans L . Soit F une application de X dans Q telle que, quelle que soit $z' \in L'$, la fonction définie sur X par $x \mapsto \langle F(x), z' \rangle$ appartienne à E .

Alors il existe un $a \in Q$ et un seul tel que :

$$\text{pour toute } z' \in L' \ , \quad \langle a, z' \rangle = m_x \left(\langle F(x), z' \rangle \right) \ .$$

Notation : dans la suite, cet a sera noté $a = \int_X F(x)\, dm(x)$.

Démonstration : Plongeons L dans $(L')^*$, le dual algébrique de L' , muni de la topologie faible de dualité $\sigma(L'^*, L')$. L'ensemble Q est compact, donc fermé dans $(L')^*$.

Pour toute moyenne $m \in \mathcal{M}$ sur E , il existe un $a(m) \in (L')^*$ et un seul tel que :

(1) pour toute $z' \in L'$, $\langle a(m), z' \rangle = m \left(\langle F(x), z' \rangle \right)$,

car le second membre est linéaire en z' . Il faut voir que, plus précisément, $a(m)$ appartient à Q .

Dans le cas où $m = \sum_{i=1}^{n} c_i \, \varepsilon_{s_i} \in \mathcal{M}_o$, c'est évident, car alors

$$a(m) = \sum_{i=1}^{n} c_i \ F(s_i)$$

est dans Q , puisque Q est convexe. Mais sur (1) il est clair que l'application $m \longmapsto a(m)$ est continue de $\mathcal{M}$ muni de la topologie $\sigma(E', E)$ dans $(L')^*$ muni de la topologie $\sigma(L'^*, L')$. Puisque $\mathcal{M}_o$ est dense dans $\mathcal{M}$ et puisque Q est fermé dans $(L')^*$, on a donc bien : $a(m) \in Q$ pour toute $m \in \mathcal{M}$.

LEMME 3. On garde les hypothèses du Lemme 2. Soit T une application de Q dans Q continue et "affine", ce qui signifie que, quels que soient $z_1 \in Q$, $z_2 \in Q$ et $0 \leq \lambda \leq 1$, on a :

$$T\left[\lambda z_1 + (1-\lambda) z_2\right] = \lambda\, T(z_1) + (1-\lambda)\, T(z_2) .$$

Supposons que, pour toute $z' \in L'$, la fonction $x \mapsto \langle T[F(x)], z'\rangle$ soit dans E. Alors :

$$T\left(\int_X F(x)\, dm(x)\right) = \int_X T\left[F(x)\right] dm(x) .$$

Démonstration :

C'est évident si $m = \sum_{i=1}^{n} c_i\, \varepsilon_{s_i} \in \mathcal{M}_o$, car alors :

$$T[a(m)] = T\left(\sum_{i=1}^{n} c_i\, F(s_i)\right) = \sum_{i=1}^{n} c_i\, T[F(s_i)] = \int_X T[F(x)]\, dm(x) .$$

Le résultat général s'en déduit aussitôt en prolongeant par continuité, car $\mathcal{M}_o$ est dense dans $\mathcal{M}$, et les applications $m \mapsto T[a(m)]$ et $m \mapsto \int_X T[F(x)] dm(x)$ sont toutes deux continues de $\mathcal{M}$, muni de la topologie $\sigma(E',E)$, dans Q, muni de la topologie forte ou faible de L, lesquelles coïncident sur le compact Q.

§ 2. Moyennes invariantes par un groupe et théorème du point fixe

Soit G un groupe topologique séparé, d'élément-neutre e, et soit H un sous-groupe fermé de E. Soit G/H l'espace homogène des classes à gauche $\dot{x} = xH$ de G selon H, sur lequel G opère continûment à gauche : si $\dot{x} \in G/H$ et si $s \in G$, on pose $s\dot{x} = (sx)^{\cdot}$. Si f est une fonction sur G/H et si $s \in G$, on pose : ${}_sf(\dot{x}) = f(s^{-1}\dot{x})$.

On désignera par $\mathcal{CB}(G/H)$ [resp. $\mathcal{UCB}(G/H)$] l'espace des fonctions complexes f bornées et continues sur G/H [resp. et uniformément continues sur G/H, i.e. telles que soit continue l'application $s \longmapsto {}_sf$ de G dans l'espace de Banach, pour la convergence uniforme sur G/H, des fonctions bornées sur G/H].

DEFINITIONS:

1) Une moyenne m sur $\mathcal{CB}(G/H)$ [resp. $\mathcal{UCB}(G/H)$] est dite G-invariante si, pour toute f appartenant à $\mathcal{CB}(G/H)$ [resp. $\mathcal{UCB}(G/H)$], et pour tout $s \in G$, on a : $m({}_sf) = m(f)$.

2) Soit Q un ensemble convexe dans un espace localement convexe séparé. Faire opérer affinement et continûment (resp. séparément continûment) le groupe G dans Q, c'est, par définition, se donner une application $(s,x) \longmapsto sx$ de $G \times Q$ dans Q, qui soit continue dans $G \times Q$ (resp. qui soit telle que, à $x_0 \in Q$ et $s_0 \in G$ fixés, les applications $s \longmapsto sx_0$ de G dans Q et $x \longmapsto s_0x$ de Q dans Q soient continues) et telle que :

a) pour tout $s \in G$, $x \longmapsto sx$ est une application affine de Q dans Q ;

b) pour $s_1 \in G$, $s_2 \in G$, $x \in Q$, on a $s_1(s_2x) = (s_1s_2)x$.

c) pour tout $x \in Q$, on a : $ex = x$.

3) Nous dirons que le couple (G,H) possède la <u>propriété du point fixe</u> (resp. la <u>propriété du point fixe forte</u>) si :

Quel que soit le convexe compact Q d'un espace localement convexe séparé, si G opère affinement et continûment (resp. et séparément continûment) dans Q <u>de sorte qu'il existe dans</u> Q <u>un point fixe par</u> H , alors il existe dans Q un point fixe par G .

C'est pour G une propriété de point fixe <u>conditionnelle</u> au sous-groupe H : on a un point fixe pour toute action de G dont la restriction à H a <u>déja</u> un point fixe.

Il n'est pas étonnant que l'existence de points fixes soit liée à celle de moyennes invariantes. Par exemple, si l'on fait opérer un groupe fini $G = \{s_1 , \dots , s_n\}$ sur un convexe Q , et si b est un point <u>quelconque</u> de Q , il est clair que le point de Q :

$$a = \frac{s_1b + \dots + s_nb}{n} ,$$

qui est la <u>moyenne</u> des transformés de b , est <u>fixe</u> par G . Cette idée très simple est généralisée dans le théorème suivant.

THEOREME. Soit G un groupe topologique séparé. Soit H un sous-groupe fermé de G. Considérons les propriétés suivantes :

$(M_{\mathfrak{U}})$ [resp. $(M_{\mathcal{C}})$]. Sur l'espace $\mathfrak{U}\mathcal{C}\mathcal{B}(G/H)$ [resp. $\mathcal{C}\mathcal{B}(G/H)$], il existe une moyenne G-invariante.

(PF) [resp. (PF_f)]. Le couple (G,H) possède la propriété du point fixe (resp. la propriété du point fixe forte).

Alors, les propriétés $(M_{\mathfrak{U}})$ et (PF) sont équivalentes. De plus la propriété $(M_{\mathcal{C}})$ entraîne la propriété (PF_f).

Remarque : A l'exposé 2, nous verrons que, si G est localement compact, ces quatre propriétés sont en fait équivalentes.

Démonstration du théorème :

a) (PF) entraîne $(M_{\mathfrak{U}})$: Soit E l'espace de Banach $\mathfrak{U}\mathcal{C}\mathcal{B}(G/H)$. Dans le dual topologique E' de E, muni de la topologie $\sigma(E',E)$, l'ensemble $\mathcal{M}$ des moyennes sur E est convexe compact. Pour toute $\varphi \in E'$ et tout $s \in G$, posons, quelle que soit $f \in E$, $s\varphi(f) = \varphi({}_{s^{-1}}f)$. Alors $s\varphi \in E'$ et l'application $\varphi \longmapsto s\varphi$ est linéaire. De plus, $\varphi \in \mathcal{M}$ entraîne $s\varphi \in \mathcal{M}$. Il est clair que $e\varphi = \varphi$ et $s_1(s_2\varphi) = (s_1s_2)\varphi$. Ainsi G opère affinement dans $\mathcal{M}$ par l'application $(s,\varphi) \longmapsto s\varphi$. Montrons qu'il opère continûment, i.e. que, pour toute $f \in E$, la fonction

$$(s,\varphi) \longmapsto s\varphi(f) = \varphi({}_{s^{-1}}f)$$

est continue sur $G \times \mathcal{M}$. Soit $(s_o,\varphi_o) \in G \times \mathcal{M}$, et soit $\varepsilon > 0$. En vertu de l'uniforme continuité de f , il existe un voisinage V de s_o dans G tel que :

$$s \in V \quad \text{entraîne} \quad \| {}_{s^{-1}}f - {}_{s_o^{-1}}f \|_\infty \leq \varepsilon/2 \; .$$

Soit W le voisinage (faible) de φ_o dans $\mathcal{M}$, ensemble des $\varphi \in \mathcal{M}$ telles que $|(\varphi - \varphi_o)\,({}_{s_o^{-1}}f)| \leq \varepsilon/2$. Si $(s,\varphi) \in V \times W$, on a, puisque la forme linéaire φ est de norme un,

$$|\varphi({}_{s^{-1}}f) - \varphi_o({}_{s_o^{-1}}f)| \leq |\varphi({}_{s^{-1}}f - {}_{s_o^{-1}}f)| + |(\varphi - \varphi_o)\,({}_{s_o^{-1}}f)| \leq \varepsilon \; .$$

Ainsi G opère continûment dans $\mathcal{M}$. Mais, de plus, <u>il existe dans $\mathcal{M}$ un point fixe par</u> H , à savoir la moyenne $f \mapsto \delta(f) = f(\dot{e})$. En effet, si $h \in H$ et si $f \in E$, on a :

$$h\,\delta(f) = \delta({}_{h^{-1}}f) = {}_{h^{-1}}f\,(\dot{e}) = f(h\dot{e}) = f(\dot{e}) = \delta(f) \; .$$

Donc, en vertu de (PF), il existe dans $\mathcal{M}$ un point fixe par G , i.e. on a $(\mathcal{M}_{\mathcal{U}})$.

b) $(M_{\mathcal{U}})$ <u>entraîne</u> (PF) [resp. $(M_{\mathcal{C}})$ <u>entraîne</u> (PF_f)]. C'est la partie remarquable de l'énoncé, car elle exprime qu'une propriété de point fixe très particulière, à savoir $(M_{\mathfrak{U}})$, entraîne la propriété du point fixe universelle. Soit Q un convexe compact dans un localement convexe séparé L. Supposons que G opère affinement et continûment (resp. et séparément continûment) dans Q, de sorte qu'existe dans Q un point b fixe par H. Puisque, pour $h \in H$, on a $hb = b$, il est clair que, pour $s \in G$, le point sb ne dépend en fait que de la classe $\dot{s}$ de s dans G/H. Appliquons le lemme 2 avec $X = G/H$ et $E = \mathfrak{U}\mathcal{C}\mathcal{B}(G/H)$ $[\text{resp. } E = \mathcal{C}\mathcal{B}(G/H)]$ à l'application $\dot{s} \longmapsto F(\dot{s}) = sb$ de G/H dans Q. Assurons-nous que l'hypothèse de ce lemme est bien remplie, c'est-à-dire que, pour toute $z' \in L'$, la fonction

$$\dot{s} \longmapsto f(\dot{s}) = \langle F(\dot{s}), z' \rangle = \langle sb , z' \rangle$$

appartient à $\mathfrak{U}\mathcal{C}\mathcal{B}(G/H)$ $[\text{resp. } \mathcal{C}\mathcal{B}(G/H)]$. Puisque sb parcourt un <u>compact</u> Q de L, f est évidemment bornée, et de plus, comme G opère continûment (resp. séparément continûment) dans Q, pour $\varepsilon > 0$ donné (resp. pour $\varepsilon > 0$ et $\dot{s}_o \in G/H$ donnés), il existe un voisinage V de e dans G tel que $y \in V$ entraîne :

$$\| {}_y f - f \|_\infty = \sup_{s \in G} | \langle y^{-1} sb - sb , z' \rangle | \leq \sup_{z \in Q} | \langle y^{-1} z - z , z' \rangle | \leq \varepsilon$$

(resp. $| f(y^{-1} \dot{s}_o) - f(\dot{s}_o) | = | \langle y^{-1} s_o b - s_o b , z' \rangle | \leq \varepsilon$) .

Soit alors, par hypothèse, m une moyenne G-invariante sur E, et d'après le lemme 2, soit $a \in Q$ défini par

$$a = \int_{G/H} sb \, dm(\dot{s}) .$$

Pour tout $t \in G$, $z \longmapsto tz$ est une application affine continue de Q dans Q . De plus, pour toute $z' \in L'$, la fonction bornée $\dot{s} \mapsto \langle tsb , z' \rangle$ est uniformément continue (resp. continue) dans G/H , car c'est ${}_{t^{-1}}f$. Donc, d'après le lemme 3 et l'invariance de m , on a :

$$ta = \int_{G/H} t\, s\, b \, dm(\dot{s}) = \int_{G/H} s\, b \, dm(\dot{s}) = a .$$

Ainsi le point a est fixe par l'action de G .

§ 3. Groupes et espaces homogènes moyennables. Premiers exemples

DEFINITION. Soit G un groupe topologique séparé, et soit H un sous-groupe fermé de G . On dira que l'espace homogène G/H est G-moyennable (ou, simplement, moyennable), si on a les propriétés (équivalentes) $(M_{\mathfrak{U}})$ et (PF).

Si $H = \{e\}$, on dira simplement que le groupe G est moyennable (ou aménable) : cela signifie qu'il existe une moyenne G-invariante sur $\mathfrak{UCB}(G)$, ou encore que G a la propriété du point fixe.

Voici les premières conséquences de cette définition, ainsi que quelques exemples.

1°) Soit G un groupe topologique séparé, et soient H et K deux sous-groupes fermés de G tels que $K \subset H \subset G$.

a) Supposons que G/K soit G-moyennable. Alors G/H est G-moyennable.

b) Supposons que H/K soit H-moyennable, et que G/H soit G-moyennable. Alors G/K est G-moyennable.

La démonstration en est immédiate à partir de la propriété (PF) .

2°) Il en résulte que : a) tout espace homogène d'un groupe moyennable est moyennable ; b) si H est un sous-groupe moyennable de G , alors G/H est moyennable si et seulement si G est un groupe moyennable. Ainsi, en ce qui concerne les espaces homogènes, le seul cas posant des problèmes nouveaux est celui où ni G , ni H ne sont des groupes moyennables.

3°) Soit G un groupe moyennable, et soit G' le même groupe muni d'une topologie de groupe séparé moins fine que celle de G . Alors G' est moyennable, car $\mathfrak{UCB}(G') \subset \mathfrak{UCB}(G)$.

4°) Soit H un sous-groupe <u>distingué</u> fermé d'un groupe topologique séparé G . Il est équivalent de dire que l'espace homogène G/H est G-moyennable, ou de dire que le groupe-quotient G/H est (G/H)- moyennable. Il résulte alors du 1°) que si les groupes H et G/H sont moyennables, alors le groupe G est moyennable.

5°) A l'exposé 3, on verra que tout sous-groupe fermé d'un groupe localement compact moyennable est moyennable. Ce sera évident sur le critère de moyennabilité en termes de représentations unitaires, alors que, sur $(M_{\mathfrak{U}})$ ou

(PF), la démonstration en serait compliquée, sauf quand le sous-groupe est ouvert.

6°) Soit G un groupe topologique séparé, et soit $(H_\lambda)_{\lambda \in \Lambda}$ une famille filtrante croissante de sous-groupes fermés de G, de réunion G. Si chaque H_λ est un groupe moyennable, alors le groupe G est moyennable.

En effet, si $f \in \mathcal{UCB}(G)$, la restriction $f|H_\lambda$ de f à H_λ est dans $\mathcal{UCB}(H_\lambda)$, donc, si m_λ est une moyenne invariante sur $\mathcal{UCB}(H_\lambda)$, $f \longmapsto m_\lambda(f|H_\lambda)$ définit sur $\mathcal{UCB}(G)$ une moyenne invariante par l'action de H_λ. Soit $\mathcal{M}_\lambda$ l'ensemble de ces dernières moyennes. La famille des compacts $(\mathcal{M}_\lambda)_{\lambda \in \Lambda}$ possède la propriété d'intersection finie, donc son intersection n'est pas vide, et tout élément de cette intersection est une moyenne G-invariante sur $\mathcal{UCB}(G)$.

7°) Tout <u>groupe compact</u> G est moyennable, car la mesure de Haar normalisée sur G est une moyenne invariante sur $\mathcal{C}(G) = \mathcal{UCB}(G)$.

8°) Il résulte du théorème du point fixe de Markoff-Kakutani (cf. l'Appendice dans N. Bourbaki [1]) que tout <u>groupe abélien</u> (même discret) est moyennable. Alors, plus généralement, d'après 4°), tout <u>groupe résoluble</u> est moyennable.

9°) Soit G un groupe <u>localement compact</u>, et soit H un sous-groupe fermé de G. Supposons que l'espace homogène G/H soit <u>compact</u>. Alors, pour que G/H soit G-moyennable, il faut et il suffit que la fonction module Δ_G

de G coïncide sur H avec la fonction module Δ_H de H . (Nota Bene : si dx est une mesure de Haar à gauche sur G , la fonction Δ_G est telle que, pour toute $f \in L^1(G,dx)$, on ait : $\int_G f(xs)\,dx = \Delta_G(s)^{-1} \int_G f(x)\,dx$ quel que soit $s \in G$) . En effet dans ce cas il existe sur G/H une <u>mesure</u> G-invariante positive normalisée (cf. N. Bourbaki [3] , § 2, n° 6, Corollaire 2 du Théorème 3), laquelle est une moyenne G-invariante sur $\mathfrak{UCB}(G/H)$. Réciproquement, si $\Delta_G \mid H \neq \Delta_H$, il n'y a pas de mesure positive invariante non nulle sur G/H , donc pas de point fixe dans l'action continue évidente de G sur le convexe vaguement compact des mesures positives normalisées sur le compact G/H .

10°) En particulier, si G est un <u>groupe de Lie semi-simple</u> connexe de centre fini, et <u>non compact</u>, alors G <u>n'est pas moyennable</u>, car la décomposition d'Iwasawa G = KS , où K est un sous-groupe compact maximal de G et S un groupe résoluble, fournit un espace homogène G/S compact non moyennable : il est connu en effet que $\Delta_G \equiv 1$, alors que $\Delta_S \not\equiv 1$ (cf. Helgason [1] , p. 366, et Chap. 10). On peut étendre ce résultat aux groupes localement compacts semi-simples presque-connexes et non compacts (cf. N.W. Rickert [1]).

11°) Par exemple, les groupes $SL(2,\mathbb{C})$ et $SL(2,\mathbb{R})$ ne sont pas moyennables. Il en résulte que le groupe (discret) modulaire $SL(2,\mathbb{Z})$ ne l'est pas non plus, car l'espace homogène $SL(2,\mathbb{R})/SL(2,\mathbb{Z})$ est moyennable :

il est connu que cet espace homogène a une mesure positive invariante de volume fini, la mesure $\frac{dxdy}{y^2}$ sur le classique domaine fondamental du groupe modulaire. Si $SL(2, \mathbb{Z})$ était moyennable, $SL(2, \mathbb{R})$ le serait aussi, par la propriété de relèvement 1°), b).

12°) Le groupe G discret <u>libre à deux générateurs</u> a et b n'est <u>pas moyennable</u>. En voici une démonstration due à J. von Neumann [1] . Soit m une moyenne invariante sur l'espace des fonctions bornées sur G . Pour toute partie E de G , posons $m(E) = m(\chi_E)$, où χ_E est la fonction caractéristique de E . Pour tout entier n , soit E_n l'ensemble des $x \in G$ dont l'écriture en mot réduit commence par a^n . Alors $x \longmapsto ax$ est, pour tout n , une bijection de H_n sur H_{n+1} , tandis que $x \longmapsto bx$ applique chaque H_n , où $n \neq 0$, dans H_o . Comme $m(G) = 1$, il faut donc, d'une part, que pour tout n entier, on ait $m(H_n) = 0$, car les H_n sont deux à deux disjoints, et, d'autre part, que $m(H_o) \geq m\left(\bigcup_{n\neq 0} H_n\right)$ tandis que $m(H_o) + m\left(\bigcup_{n\neq 0} H_n\right) = 1$, donc $m(H_o) \geq \frac{1}{2}$, ce qui est contradictoire.

13°) A l'exposé 3, nous montrerons que l'espace de Lobatschevoky imaginaire $X = SL(2, \mathbb{C})/SL(2, \mathbb{R})$ n'est <u>pas</u> moyennable. Ceci nous amène dès à présent à proposer au lecteur le

<u>Problème</u> : Donner un exemple concret de convexe compact Q et d'action continue et affine sans point fixe de $SL(2, \mathbb{C})$ dans Q telle qu'il existe néanmoins dans Q un point fixe par $SL(2, \mathbb{R})$.

14°) Terminons par un exemple positif d'un espace homogène moyennable, qui ne soit pas un groupe et que ne soit pas de volume fini. Prenons pour G le groupe $SL(2, \mathbb{R})$ et pour H le deuxième groupe dérivé du groupe modulaire $\Gamma = SL(2, \mathbb{Z})$. On sait que $\Gamma_1 = [\Gamma, \Gamma]$ est isomorphe au groupe libre à deux générateurs, d'où suit que $H = [\Gamma_1, \Gamma_1]$ est d'indice infini dans Γ_1, donc dans Γ. Il en résulte que G/H est de volume infini. Mais G/Γ est moyennable (de volume fini), et Γ/H est un groupe résoluble, donc moyennable. Alors, d'après le 1°), l'espace homogène G/H est G-moyennable.

Exposé n° 2. ESPACES HOMOGENES MOYENNABLES ET PROPRIETES DE REITER

Grâce à la propriété du point fixe, nous allons établir, pour les espaces homogènes moyennables, une formule qui généralise celle obtenue d'abord par H. Reiter dans [2] pour le cas de $L^1(G)$, puis par I. Glicksberg dans [1] pour le cas où G opère, plus généralement, dans un espace de Banach E. Pour un groupe topologique séparé G est un sous-groupe fermé H, nous donnons de la formule de Reiter-Glicksberg une extension au cas où, E et F étant des espaces de Banach, et σ un morphisme de E dans F, on considère une action de G dans E telle que σ trivialise l'action de H. Nous appliquons ensuite la formule obtenue au cas où G est localement compact, où E est le produit de p copies égales à $L^1(G/H)$, où σ provient de l'application canonique de $L^1(G)$ sur $L^1(G/H)$, et où G opère sur E par les translations à droite. Ceci nous permet d'obtenir des conditions nécessaires et suffisantes du type de Reiter [propriétés (P_p) et (P_p^*)] pour la moyennabilité de l'espace homogène G/H (F.P. Greenleaf [2] a obtenu, par d'autres méthodes, les mêmes conditions). Dans la théorie, l'équivalence entre (P_1) et (P_2) est le pivot entre les propriétés de moyenne, et les propriétés concernant les représentations unitaires qui seront introduites à l'Exposé 3.

§ 1. La formule de Reiter-Glicksberg

Soit G un groupe topologique séparé, et soit H un sous-groupe fermé de G. Nous allons définir pour le couple (G,H) la propriété (RG) [resp. (RG_s)] .

Soient E et F deux espaces de Banach, et soit σ un morphisme de E dans F, i.e. une application linéaire qui diminue les normes. Soient E' et F' les duals topologiques de E et F. Pour tout $x \in G$, supposons donnée une application linéaire A_x de E dans E telle que :

1°) pour $x_1, x_2 \in G$, on a : $A_{x_1 x_2} = A_{x_2} A_{x_1}$; $A_e = Id$.

2°) pour tout $f \in E$ et tout $x \in G$, on a : $\| A_x f \| = \| f \|$;

3°) [resp. $3°)_s$] pour tout $f \in E$, l'application $x \longmapsto A_x f$ est continue de G dans le Banach E [resp. pour tout $f \in E$ et tout $\varphi \in E'$, la fonction $x \mapsto \langle A_x f , \varphi \rangle$ et continue dans G];

4°) pour tout $h \in H$, on a : $\sigma \circ A_h = \sigma$.

Soit J le sous-espace vectoriel de E engendré par les $(A_x g - g)$, où $g \in E$ et $x \in G$. Pour $f \in E$, notons C_f l'enveloppe convexe dans F des $\sigma(A_x f)$, où $x \in G$.

DEFINITION. <u>On dira que le couple</u> (G,H) <u>possède la propriété</u> (RG) [<u>resp. la propriété</u> (RG_s)] <u>si, chaque fois qu'on est dans les hypothèses qui viennent d'être énumérées, on a, pour tout</u> $f \in E$, <u>l'inégalité</u> (dite de <u>Reiter-Glicksberg</u>) :

$$\boxed{\operatorname{dist}_F (0 , C_f) \leq \operatorname{dist}_E (f , J)} \quad .$$

PROPOSITION. Soit G un groupe topologique séparé et soit H un sous-groupe fermé de G. Supposons que le couple (G,H) ait la propriété du point fixe (PF) [resp. la propriété du point fixe forte (PF_f)]. Alors il a la propriété (RG) [resp. (RG_s)].

Démonstration. Posons $d = \mathrm{dist}_F(0, C_f)$. Soit Q l'ensemble des $\varphi \in E'$ telles que $\|\varphi\|_{E'} \leq 1$ et telles que, pour tout $x \in G$, on ait

$$\mathcal{R}e \langle A_x f , \varphi \rangle \geqslant d \ .$$

L'ensemble Q est convexe compact pour la topologie faible de E'. Si $\varphi \in Q$ et si $s \in G$, définissons $s\varphi$ par :

$$\text{pour tout } g \in E , \qquad \langle g , s\varphi \rangle = \langle A_s g , \varphi \rangle \ .$$

On voit aisément que $s\varphi \in Q$, que $e\varphi = \varphi$ et que, pour $s_1 , s_2 \in G$, on a $(s_1 s_2)\varphi = s_1(s_2\varphi)$. Par $(s , \varphi) \longmapsto s\varphi$, le groupe G opère affinement dans Q. D'autre part il résulte immédiatement de l'hypothèse 3°) [resp. de l'hypothèse $3°)_s$] que G opère ainsi continûment [resp. séparément continûment] dans Q. Montrons que, dans cette action de G, il existe un point de Q fixe par H. Pour cela, appliquons le théorème de Hahn-Banach à l'ensemble convexe C_f : il existe $\psi_o \in F'$ telle que $\|\psi_o\|_{F'} \leq 1$, et telle que, pour tout $x \in G$,

$$\mathcal{R}e \ \langle \sigma(A_x f) , \psi_o \rangle \geqslant d \ .$$

Posons $\varphi_o = {}^t\sigma(\psi_o)$, où ${}^t\sigma$ est l'application de F' dans E' transposée de σ . Il est clair que $\varphi_o \in Q$. De plus, en vertu de l'hypothèse 4°), on a, pour tout $h \in H$,

$$\langle g , h\varphi_o \rangle = \langle A_h g , \varphi_o \rangle = \langle \sigma A_h g , \psi_o \rangle = \langle \sigma g , \psi_o \rangle = \langle g , \varphi_o \rangle$$

pour tout $g \in E$, donc φ_o est fixe par l'action de H . Alors, d'après la propriété (PF) [resp. (PF_f)] , <u>il existe dans</u> Q <u>un point fixe par</u> G , c'est-à-dire une forme linéaire $\theta \in E'$ telle que :

$$\begin{cases} \|\theta\|_{E'} \leq 1 \quad ; \quad \mathcal{R}e \langle f , \theta \rangle \geq d \quad ; \\ \text{pour tout } g \in E , \ x \in G , \text{ on a : } \langle A_x g - g , \theta \rangle = 0 . \end{cases}$$

Ainsi θ est orthogonale à J , donc :

$$\mathrm{dist}_E(f , J) = \inf_{g \in J} \|f - g\|_E \geq \inf_{g \in J} |\langle f - g , \theta \rangle| = |\langle f , \theta \rangle| \geq d .$$

C.Q.F.D.

REMARQUE. En sens inverse, signalons qu'est toujours vraie l'inégalité triviale

$$(1) \qquad \mathrm{dist}_F(\sigma(f) , \sigma(J)) \leq \mathrm{dist}_F(0 , C_f) ,$$

car C_f est contenu dans $\sigma(f + J)$. Mais on ne peut pas toujours mettre le signe = dans l'inégalité de Reiter-Glicksberg, comme le montre par exemple le cas où $F = \{0\}$. Néanmoins :

Reprenant les hypothèses précèdentes, soit $\bar{J}$ la fermeture de J dans E . <u>Soit</u> N <u>un sous-espace vectoriel fermé de</u> $\bar{J}$, et faisons l'hypothèse que

F <u>est l'espace de Banach quotient</u> E/N et que σ <u>est le morphisme canonique</u> <u>de</u> E <u>sur</u> $F = E/N$. Alors, si le couple (G,H) a la propriété (PF) [resp. (PF_f)], on a l'<u>égalité</u> de Reiter-Glicksberg :

$$\mathrm{dist}_F(0, C_f) = \mathrm{dist}_E(f, J).$$

En effet, en appliquant (1), l'hypothèse $N \subset \bar{J}$ et la définition de la norme-quotient, on a dans ce cas :

$$\mathrm{dist}_F(0, C_f) \geq \mathrm{dist}_F(\sigma(f), \sigma(J)) \geq \mathrm{dist}_F(\sigma(f), \sigma(\bar{J})) =$$

$$\inf_{g \in \bar{J}} \|\sigma(f) - \sigma(g)\|_F = \inf_{g \in \bar{J}} \inf_{n \in N} \|f - g + n\|_E = \inf_{g \in \bar{J}} \|f - g\|_E =$$

$$\mathrm{dist}_E(f, \bar{J}) = \mathrm{dist}_E(f, J).$$

<u>§ 2. Notations et formulaire</u>

(2.1) Désormais les groupes considérés seront <u>localement compacts</u>. Soit G un tel groupe, et soit H un sous-groupe fermé de G. Désignons par Δ_G (resp. Δ_H) le module du groupe G (resp. H). Si $a \in G$, on note ε_a la mesure de Dirac au point a. Soit f une fonction définie sur G, et soit $a \in G$. On définit les fonctions $\gamma(a)f$ et $\delta(a)f$ par les formules, où $x \in G$,

$$[\gamma(a)f](x) = f(a^{-1}x) \qquad ; \qquad [\delta(a)f](x) = f(xa) \quad .$$

Soit G/H l'espace homogène des classes à gauche $\dot{x} = xH$ de G selon H, où G opère continûment à gauche par $(s, \dot{x}) \longmapsto s\dot{x} = \dot{\widehat{sx}}$. Si f est une fonction définie sur G/H, si $\mathfrak{D}$ est une mesure de Radon sur G/H, et si

$s \in G$, on posera :

$$ {}_s f(\dot{x}) = f(s^{-1}\dot{x}) \quad ; \quad \langle \gamma_{G/H}(s)\nu , f \rangle = \langle \nu , {}_{s^{-1}}f \rangle \ . $$

Soit μ une mesure de Haar à gauche sur G , et soit β une mesure de Haar à gauche sur H .

(2.2) On sait (cf. N. Bourbaki [3] , Chap. VII, p. 56, Théorème 2) qu'il existe sur G/H une <u>mesure</u> λ <u>quasi-G-invariante</u>, i.e. positive non nulle et telle que, pour tout $s \in G$, la mesure $\gamma_{G/H}(s)\lambda$ soit équivalente à λ . Cette mesure est d'ailleurs unique, à une équivalence près. On peut décrire λ comme suit. Il existe une fonction ρ continue strictement positive sur G telle que :

(2.3) quels que soient $x \in G$, $\xi \in H$, on a :

$$ \rho(x\xi) = \Delta_H(\xi)\,\Delta_G^{-1}(\xi)\ \rho(x) \ . $$

On pose alors $\lambda = (\rho\mu)/\beta$, et pour tout $f \in L^1(G , \rho\mu)$, on a la formule :

$$ (2.4) \quad \int_G f(x)\,\rho(x)\,d\mu(x) = \int_{G/H} d\lambda(\dot{x}) \int_H f(x\xi)\,d\beta(\xi) \ . $$

De plus, la fonction χ définie, en vertu de (2.3), sur $G \times G/H$, par

$$ (2.5) \qquad \chi(s , \dot{x}) = \frac{\rho(s\,x)}{\rho(x)} \qquad (s \in G , x \in G) $$

et telle que, pour tout $s \in G$,

$$\gamma_{G/H}(s)\lambda = \chi(s^{-1}, .)\lambda \quad ;$$

autrement dit, on a, pour $f \in L^1(G/H, \lambda)$,

$$(2.6) \quad \int_{G/H} f(s\,\dot{x})\, d\lambda(\dot{x}) = \int_{G/H} \chi(s^{-1}, \dot{x})\, f(\dot{x})\, d\lambda(\dot{x}) \quad .$$

(2.7) Avec ces notations, on définit la <u>représentation quasi-régulière</u> π de G dans l'espace de Hilbert $L^2(G/H, \lambda)$ par la formule :

$$(2.8) \quad [\pi(s)f](\dot{x}) = \sqrt{\chi(s^{-1}, \dot{x})}\, f(s^{-1}\dot{x}) \quad ,$$

où $s \in G$, $\dot{x} \in G/H$, $f \in L^2(G/H)$. D'après (2.6), c'est une représentation unitaire de G , qui d'ailleurs est la représentation <u>induite</u> dans G par la représentation <u>triviale</u> de H .

Plus généralement, soit $1 \leq p < +\infty$. Si $f \in L^p(G/H, \lambda)$, nous poserons pour tout $s \in G$,

$$(2.9) \quad [\pi_p(s)f](\dot{x}) = \sqrt[p]{\chi(s^{-1}, \dot{x})}\, f(s^{-1}\dot{x}) \qquad (\dot{x} \in G/H) .$$

Alors $\pi_p(s)f \in L^p(G/H, \lambda)$ et $\|\pi_p(s)f\|_p = \|f\|_p$. De plus, pour $s_1, s_2 \in G$,

$$\pi_p(s_1 s_2) = \pi_p(s_1) \circ \pi_p(s_2) \quad .$$

Ainsi π est une notation abrégée pour π_2 .

§ 3. Les propriétés de Reiter

Soit $1 \leq p < +\infty$. Soit G un groupe localement compact, et soit H un sous-groupe fermé de G .

On dira que l'espace homogène G/H a la propriété (P_p) [resp. (P_p^*)] si, quel que soit l'ensemble compact [resp. fini] K contenu dans G et quel que soit $\varepsilon > 0$, il existe une fonction $f \in L^p(G/H, \lambda)$ telle que $f \geq 0$ et $\|f\|_p = 1$, et telle que, pour tout $s \in K$, on ait :

$$\|\pi_p(s)f - f\|_p \leq \varepsilon \quad .$$

§ 4. Enoncé du théorème

On a déjà considéré à l'Exposé 1 les propriétés $(M_{\mathcal{U}})$ et $(M_{\mathcal{C}})$. On peut aussi envisager la propriété :

(M) Il existe sur $L^\infty(G/H, \lambda)$ une moyenne G-invariante.

Nous allons établir les résultats suivants : (P_1^*) entraîne (M) ; (RG) entraîne (P_1) ; (P_1) est équivalent à (P_p) ; (P_1^*) est équivalent à (P_p^*) . Comme il est évident que (M) entraîne $(M_{\mathcal{C}})$, que $(M_{\mathcal{C}})$ entraîne $(M_{\mathcal{U}})$, que (P_1) entraîne (P_1^*) et que (RG_s) entraîne (RG) , et, compte-tenu des résultats déjà obtenus à l'Exposé n° 1 et au § 1 du présent exposé, nous serons alors parvenu au

THEOREME. Soient G un groupe localement compact et H un sous-groupe fermé de G . Soit $1 \leq p < +\infty$. Alors les conditions :

(M) , $(M_{\mathcal{C}})$, $(M_{\mathcal{U}})$, (PF) , (PF_f) , (RG) , (RG_s) , (P_1^*) , (P_p) , (P_p^*) sont deux à deux équivalentes. Chacune d'elles peut donc servir à vérifier la moyennabilité de l'espace homogène G/H .

Compte-tenu des démonstrations annoncées, nous aurons en effet accompli le circuit logique :

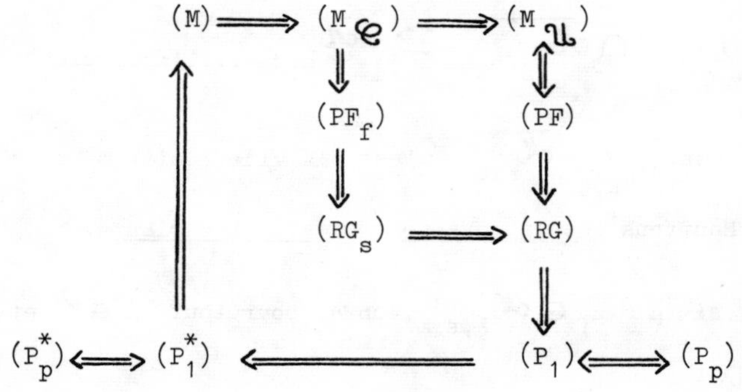

Observons que, dans ce diagramme, le rectangle situé en haut et à droite est valable plus généralement si G est une groupe topologique séparé.

§ 5. Démonstration de : (P_1^*) entraîne (M)

Soit $\mathcal{M}$ l'ensemble des moyennes sur l'espace vectoriel $L^{\infty}(G/H , \lambda)$. Pour la topologie faible de dualité $\sigma((L^{\infty})', L^{\infty})$, l'ensemble $\mathcal{M}$ est compact. Si $f \in L^1(G/H , \lambda)$ est positive et de norme un, elle définit une moyenne μ_f par :

pour toute $g \in L^{\infty}(G/H , \lambda)$, $\quad \mu_f(g) = \int_{G/H} f(\dot{x})\, g(\dot{x})\, d\lambda(\dot{x})$.

Pour toute partie <u>finie</u> K de G et tout $\varepsilon > 0$, soit $\mathcal{M}_{K,\varepsilon}$ l'ensemble des μ_f , où $f \in L^1(G/H, \lambda)$, $f \geq 0$, $\|f\|_1 = 1$ et où, pour tout $s \in K$, $\|\pi_1(s)f - f\|_1 \leq \varepsilon$. Soit $\overline{\mathcal{M}_{K,\varepsilon}}$ l'adhérence faible de $\mathcal{M}_{K,\varepsilon}$ dans $\mathcal{M}$. En vertu de (P_1^*) , l'intersection d'un nombre fini des $\overline{\mathcal{M}_{K,\varepsilon}}$ n'est pas vide, car

$$\overline{\mathcal{M}_{K_1,\varepsilon_1}} \cap \ldots \cap \overline{\mathcal{M}_{K_n,\varepsilon_n}} \supset \mathcal{M}_{K_1 \cup \ldots \cup K_n,\ \min(\varepsilon_1,\ldots,\varepsilon_n)} .$$

Par conséquent $\bigcap_{K,\varepsilon} \overline{\mathcal{M}_{K,\varepsilon}}$ n'est pas vide. Soit m un élément de cette intersection. Montrons que <u>la moyenne</u> m <u>est G-invariante</u>.

En effet, si $\mu = \mu_f \in \mathcal{M}_{K,\varepsilon}$, on a, pour tout $s \in K$ et tout $g \in L^\infty(G/H, \lambda)$,

$$|\mu({}_{s^{-1}}g) - \mu(g)| = \left|\int_{G/H} [g(s\dot{x}) - g(\dot{x})] \; f(\dot{x}) \, d\lambda(\dot{x})\right|$$

$$= \left|\int_{G/H} g(\dot{x}) \, [\chi(s^{-1}\dot{x}) \, f(s^{-1}\dot{x}) - f(\dot{x})] \, d\lambda(\dot{x})\right| \leq \|g\|_\infty \; \varepsilon .$$

En prolongeant par continuité faible, on voit que, pour tout $\mu \in \overline{\mathcal{M}_{K,\varepsilon}}$, on a

$$|\mu({}_{s^{-1}}g) - \mu(g)| \leq \|g\|_\infty \times \varepsilon ,$$

pour tout $s \in K$ et tout $g \in L^\infty(G/H, \lambda)$. Remplaçant μ par m , on peut dans cette inégalité prendre s quelconque dans G , et, comme $\varepsilon > 0$ est arbitraire, on obtient : $m({}_{s^{-1}}g) = m(g)$.

§ 6. Un lemme

Nous allons appliquer l'inégalité de Reiter-Glicksberg dans des circonstances particulières. Considérons l'espace de Banach $L^1(G, \mu)$, l'espace de Banach $L^1(G/H, \lambda)$ et soit σ l'application canonique de $L^1(G, \mu)$ sur $L^1(G/H, \lambda)$ définie par :

$$\sigma f(\dot{x}) = \int_H \frac{f(x\xi)}{\rho(x\xi)} \, d\beta(\xi)$$

où $f \in L^1(G, \mu)$ et $\dot{x} \in G/H$. L'application σ abaisse les normes—L^1.

Pour toute $f \in L^1(G)$ et tout $x \in G$, posons

$$A_x f(y) = \Delta_G^{-1}(x) \, f(yx^{-1}) = f * \varepsilon_x(y) \qquad (y \in G).$$

D'autre part, <u>notons Φ l'ensemble des applications linéaires de</u> $L^1(G,\mu)$ <u>dans</u> $L^1(G/H, \lambda)$ <u>qui sont combinaisons linéaires convexes</u> des $\sigma \circ A_x$, où $x \in G$.

Voici d'abord quelques propriétés de ces applications :

(6.1) Toute $T \in \Phi$ abaisse les normes—L^1. De plus, si f est ≥ 0, alors Tf est ≥ 0 et $\|Tf\|_{L^1(G/H)} = \|f\|_{L^1(G)}$.

(6.2) Toute $T \in \Phi$ commute aux translations à gauche, c'est-à-dire : quels que soient $f \in L^1(G,\mu)$, $s \in G$, $\pi_1(s)T(f) = T[\gamma(s)f]$.

Par linéarité, on est ramené à prouver (6.1) et (6.2) pour $T = \sigma \circ A_z$, où $z \in G$. Or, d'après (2.4),

$$\int_{G/H} |\sigma A_z f(\dot{x}) \, d\lambda(\dot{x})| = \int_{G/H} d\lambda(\dot{x}) \left| \int_H \Delta_G^{-1}(z) \frac{f(x\xi z^{-1})}{\rho(x\xi)} d\beta(\xi) \right|$$

$$\leq \int_{G/H} d\lambda(\dot{x}) \int_H \Delta_G^{-1}(z) \frac{|f(x\xi z^{-1})|}{\rho(x\xi)} d\beta(\xi) = \int_G |f(xz^{-1})| \Delta_G^{-1}(z) \, d\mu(x)$$

$$= \int_G |f(x)| \, d\mu(x) = \|f\|_{L^1(G,\mu)} ,$$

et, si f est ≥ 0 , le signe $\leq$ peut être remplacé par le signe $=$ dans ce calcul, ce qui prouve (6.2). De plus, d'après (2.5) et (2.3), pour tout $s \in G$,

$$[\pi_1(s^{-1}) \sigma A_z(f)] (\dot{x}) = \chi(s,\dot{x}) [\sigma A_z(f)] (s\dot{x})$$

$$= \int_H \frac{\rho(sx)}{\rho(x)} \frac{f(sx\xi z^{-1})}{\rho(sx\xi)} \Delta_G^{-1}(z) \, d\beta(\xi)$$

$$= \int_H \frac{f(sx\xi z^{-1})}{\rho(x)\Delta_H(\xi)\Delta_G^{-1}(\xi)} \Delta_G^{-1}(z) \, d\beta(\xi)$$

$$= \int_H \frac{f(sx\xi z^{-1})}{\rho(x\xi)} \Delta_G^{-1}(z) \, d\beta(\xi) = \sigma A_z [\gamma(s^{-1})f] (\dot{x})$$

ce qui prouve (6.2).

Après ces préliminaires, nous pouvons énoncer le

LEMME. <u>Supposons qu'on ait la propriété</u> (RG) . <u>Soient</u> $f_1, \ldots, f_p \in L^1(G,\mu)$ <u>telles que</u>, <u>pour tout</u> $j = 1, \ldots, p$, <u>on ait</u> $\int_G f_j(x) \, d\mu(x) = 0$.

<u>Soit</u> $\varepsilon > 0$. <u>Alors, il existe une application</u> $T \in \Phi$ <u>telle que, pour tout</u> $j = 1, 2, \dots, p$, <u>on ait</u> $\|Tf_j\|_{L^1(G/H,\lambda)} \leq \varepsilon$.

<u>Démonstration</u>. Appliquons (RG) en prenant pour E l'espace de Banach $L^1(G) \times \dots \times L^1(G)$ p fois, et pour F l'espace de Banach $L^1(G/H) \times \dots \times L^1(G/H)$ p fois, la norme dans ces espaces produits étant le maximum des normes des composantes. Pour $g = (g_1, \dots, g_p) \in E$, et $x \in G$, posons :

$$A_x g = (A_x g_1, \dots, A_x g_p) \quad ; \quad \sigma g = (\sigma g_1, \dots, \sigma g_p) ,$$

où les $A_x g_i$ et σg_i sont ceux définis au début de ce paragraphe. Les applications A_x et σ abaissent les normes. De plus, vu les propriétés de l'opérateur $g \longmapsto g * \varepsilon_x$ dans $L^1(G,\mu)$, les hypothèses 1°), 2°) et 3°) dans la propriété (RG) sont évidemment satisfaites. Pour vérifier l'hypothèse 4°), à savoir que σ "trivialise" A_h , où $h \in H$, remarquons qu'en vertu de (2.3), on a, pour toute $f \in L^1(G,\mu)$,

$$\sigma A_h f(\dot{x}) = \int_H \Delta_G^{-1}(h) \frac{f(x\xi h^{-1})}{\rho(x\xi)} d\beta(\xi) = \int_H \Delta_H^{-1}(h) \frac{f(x\xi h^{-1})}{\rho(x\xi h^{-1})} d\beta(\xi)$$

$$= \int_H \frac{f(x\xi)}{\rho(x\xi)} d\beta(\xi) = \sigma f(\dot{x}) .$$

Dans ce cas, il est facile de voir, en raisonnant par orthogonalité, que le sous-espace vectoriel fermé $\bar{J}$ de E engendré par les $A_x g - g$, où $g = (g_1, \ldots, g_p) \in E$ et $x \in G$, est exactement l'ensemble des $h = (h_1, \ldots, h_p)$ dans E, telles que

$$\int_G h_1(x)\, d\mu(x) = \ldots = \int_G h_p(x)\, d\mu(x) = 0 .$$

Ainsi, par hypothèse, $f = (f_1, \ldots, f_p)$ appartient à $\bar{J}$, et par conséquent, $\mathrm{dist}_E(f,J) = 0$. D'après l'inégalité de Reiter-Glicksberg, on a donc $\mathrm{dist}_F(0,C_f) = 0$.

Mais, puisque C_f est précisément formé des vecteurs $(Tf_1, \ldots, Tf_p)$, où T parcourt Φ, le lemme est démontré.

§ 7. Démonstration de : (RG) entraîne (P_1)

Soit K un compact contenu dans G, et soit $\varepsilon > 0$. Partons d'une fonction $g \in L^1(G,\mu)$ positive et de norme un, par ailleurs arbitraire. Il existe un voisinage V de e dans G tel que :

(7.1) pour tout $y \in V$, $\qquad \| \gamma(y)g - g \|_{L^1(G)} \leq \varepsilon/2$.

Soient $a_1, \ldots, a_p$ des points de K tels que la réunion de $a_1V, \ldots, a_pV$ recouvre K. Les fonctions $f_j = \gamma(a_j)g - g$ vérifient, pour $j = 1, \ldots, p$, les relations $\int_G f_j(x)\, d\mu(x) = 0$. D'après le lemme, il existe $T \in \Phi$ tel que

(7.2) pour tout $j = 1, \ldots, p$, $\qquad \| Tf_j \|_{L^1(G/H)} \leq \varepsilon/2$.

Posons $f = Tg$. La fonction f appartient à $L^1(G/H, \lambda)$, est positive, de norme un. De plus, quel que soit $s = a_j y \in K$, où $j = 1, 2, \ldots,$ ou p et où $y \in V$, on a, d'après (6.2),

$$\begin{aligned}\pi_1(s)f - f &= \pi_1(a_j y)f - f = \pi_1(a_j)\ \pi_1(y)f - f \\ &= \pi_1(a_j)\,[\pi_1(y)f - f] + \pi_1(a_j)f - f \\ &= \pi_1(a_j)\,[\pi_1(y)Tg - Tg] + \pi_1(a_j)Tg - Tg \\ &= \pi_1(a_j)\quad T[\gamma(y)g - g] + T\,[\gamma(a_j)g - g]\ .\end{aligned}$$

Vu que T et $\pi_1(a_j)$ sont de norme ≤ 1 , il résulte de (7.1) et (7.2) que, pour tout $s \in K$, $\| \pi_1(s)f - f \|_{L^1(G/H)} \leq \varepsilon$.

REMARQUE. En analysant cette démonstration, on voit qu'on peut <u>préciser</u> la propriété (P_1) comme suit : si $g \in L^1(G)$ positive et de norme un est <u>donnée</u> arbitrairement à l'avance, alors pour tout (K, ε) , on peut satisfaire à (P_1), relativement à (K, ε) , à l'aide d'une f de la forme $f = Tg$, où $T \in \Phi$.

§ 8. Démonstration de l'équivalence des propriétés (P_p) [resp. (P_p^*)]

Comme me l'a signalé S. Touré, la démonstration donnée par J.D. Stegeman [1] dans le cas des groupes s'étend aisément au cas des espaces homogènes. Soit p un nombre tel que $1 \leq p < +\infty$.

a) Montrons que (P_1) entraîne (P_p) [resp. (P_1^*) entraîne (P_p^*)] . Soit K une partie compacte (resp. finie) de G , et soit $\varepsilon > 0$. En vertu de

(P_1) [resp. (P_1^*)] , soit $g \in L^1(G/H)$ positive et de norme un, telle que, pour tout $s \in K$, $\| \pi_1(s)g - g \|_1 \leq \varepsilon^p$. Posons $f = g^{\frac{1}{p}}$. Alors f est positive et de norme un dans $L^p(G/H)$. De l'inégalité $|a - b|^p \leq |a^p - b^p|$, où $a \geqslant 0$, $b \geqslant 0$, $p \geqslant 1$, vient que, pour tout $s \in K$,

$$\| \pi_p(s)f - f \|_p^p = \int_{G/H} \left| \sqrt[p]{\chi(s^{-1}, \dot{x})}\, f(s^{-1} \dot{x}) - f(\dot{x}) \right|^p d\lambda(\dot{x})$$

$$\leq \int_{G/H} | \chi(s^{-1}, \dot{x})\, g(s^{-1} \dot{x}) - g(\dot{x}) |\, d\lambda(\dot{x}) \leq \| \pi_1(s)g - g \|_1 \leq \varepsilon^p \ .$$

b) Montrons que (P_p) entraîne (P_1) [resp. (P_p^*) entraîne (P_1^*)]. Soit K une partie compacte (resp. finie) de G , et soit $\varepsilon > 0$. En vertu de (P_p) [resp. (P_p^*)] , soit $g \in L^p(G/H)$ positive et de norme un dans L^p , telle que, pour tout $s \in K$, $\| \pi_p(s)g - g \|_p \leq \frac{\varepsilon}{2p}$. Posons $f = g^p$. Alors f est positive et de norme un dans $L^1(G/H)$. De l'inégalité

$$|a^p - b^p| \leq p\, |a - b|\, (a^{p-1} + b^{p-1}) \qquad (a \geqslant 0 \ ; \ b \geqslant 0 \ ; \ p \geqslant 1)$$

vient, en appliquant l'inégalité de Hölder et en posant $\frac{1}{p} + \frac{1}{q} = 1$, que, pour tout $s \in K$,

$$\| \pi_1(s)f - f \|_1 = \int_{G/H} | \chi(s^{-1}, \dot{x})\, g^p(s^{-1} \dot{x}) - g^p(\dot{x}) |\, d\lambda(\dot{x})$$

$$\leq p \int_{G/H} \left| \sqrt[p]{\chi(s^{-1}, \dot{x})}\, g(s^{-1} \dot{x}) - g(\dot{x}) \right| \left[\chi^{\frac{p-1}{p}}(s^{-1},\dot{x}) g^{p-1}(s^{-1}\dot{x}) + g^{p-1}(\dot{x}) \right] d\lambda(\dot{x})$$

$$\leq p\, \| \pi_p(s)g - g \|_p\, \| (\pi_p(s)g)^{p-1} + g^{p-1} \|_q \leq 2p\, \| \pi_p(s)g - g \|_p \leq \varepsilon \ .$$

REMARQUE. Ceci achève la démonstration du Théorème énoncé au § 4. Observons que, par un long circuit logique, on a obtenu au passage les implications : (P_1^*) entraîne (P_1) ; $(M_{\mathfrak{U}})$ entraîne (M) ; (RG) entraîne (RG_s) ; (PF) entraîne (PF_f) , qui expriment toutes qu'une propriété faible équivaut en fait à une propriété forte. Les deux dernières implications citées pourraient être obtenues facilement par un raisonnement direct utilisant la locale compacité de G . L'assertion : $(M_{\mathfrak{U}})$ entraîne (M) , peut encore s'obtenir, assez laborieusement, par un procédé de régularisation (cf. Greenleaf [1]). Mais je ne connais pas actuellement de démonstration "directe" de l'assertion : (P_1^*) entraîne (P_1).

§ 9. Une application de la formule de Reiter-Glicksberg

Comme cas particulier de la situation générale du § 1, on peut donner une généralisation de la formule de Reiter ([2] , Th. 1).

Soient S un groupe localement compact, et soient H et G deux sous-groupes fermés de S , tels que $H \subset G$. Supposons que l'espace homogène G/H soit G-moyennable. Soient $d\beta$ (resp. $d\beta'$) des mesures de Haar à gauche sur H (resp. G) . Soient $d\lambda$ (resp. $d\lambda'$) les mesures quasi-invariantes sur S/H (resp. S/G) correspondant à une mesure de Haar à gauche $d\mu$ sur S et aux mesures $d\beta$ (resp. $d\beta'$). Prenons pour E l'espace de Banach $L^1(S,d\mu)$. Posons $F = L^1(S/H, d\lambda)$. Pour tout $x \in G$, et toute $g \in E$, posons $A_x g = g \underset{S}{*} \varepsilon_x$. Pour σ nous prenons l'application canonique de $L^1(S, \mu)$ sur

$L^1(S/H, d\lambda)$, définie par

$$\sigma f(\dot{x}) = \int_H \frac{f(x\xi)}{\rho(x\xi)} d\beta(\xi) .$$

Toutes les hypothèses du § 1 sont remplies. De plus, le noyau N de σ , c'est-a-dire le sous-espace vectoriel fermé de $L^1(S)$ engendré par les $A_h g - g$, où $g \in L^1(S)$, $h \in H$, est contenu dans $\bar{J}$, qui ici n'est autre que le sous-espace vectoriel fermé de $L^1(S)$ engendré par les $A_x g - g$, où $g \in L^1(S)$, $x \in G$. D'après la Remarque de la fin du § 1, on a donc ici l'égalité de Reiter-Glicksberg :

$$\text{dist}_F(0, C_f) = \text{dist}_E(f, J) .$$

Or $\text{dist}_E(f,J)$ n'est autre que la norme-quotient de $\sigma'(f)$, où σ' est l'application canonique de $L^1(S,\mu)$ sur $L^1(S/G, d\lambda')$. En résumé, nous obtenons la

PROPOSITION. _Soit_ S _un groupe localement compact, et soient_ H _et_ G _deux sous-groupes fermés de_ S , _tels que_ $H \subset G$, _et tels que l'espace homogène_ G/H _soit G-moyennable. Alors, pour toute_ $f \in L^1(S)$,

$$\inf \int_{S/H} d\lambda'(\dot{s}) \left| \int_H \frac{\sum_i c_i f(s\xi x_i^{-1}) \Delta_G(x_i^{-1})}{\rho(s\xi)} d\beta(\xi) \right|$$

$$= \int_{S/H} d\lambda'(\dot{s}) \left| \int_G \frac{f(s\eta)}{\rho'(s\eta)} d\beta'(\eta) \right| ,$$

<u>où l'infimum est étendu à tous les systèmes finis de points</u> $x_i \in G$, <u>et</u> <u>de nombres</u> $c_i \geqslant 0$ <u>tels que</u> $\sum_i c_i = 1$.

Ceci généralise la formule donnée par Reiter (cf. aussi [1] , p. 174), qui correspond au cas où $H = \{e\}$.

En s'appuyant sur notre formulation de la propriété de Reiter-Glicksberg, S. Touré a pu généraliser aux espaces homogènes moyennables quelques théorèmes démontrés par H. Reiter ([1], p. 177, et [3]) dans le cas des groupes, et concernant les idéaux fermés de $L^1(G)$. Nous renvoyons le lecteur intéressé à la Note de Touré [1].

<u>REMARQUE</u>. Dans le cas des groupes <u>localement compacts</u>, nous avons obtenu les implications (RG) $\Longrightarrow$ (PF) , et $(RG_s) \Longrightarrow (PF_f)$ à la suite d'un long circuit logique ; ces implications n'étant pas les plus importantes pour notre objet, nous n'avons pas cherché, dans cet exposé, à approfondir autrement la question. Néanmoins nous signalons que M. Riemersma a trouvé une démonstration directe (actuellement non publiée) de ces implications, valable même dans le cas où l'on suppose seulement que le groupe G est topologique séparé.

Exposé n° 3. ESPACES HOMOGENES MOYENNABLES ET REPRESENTATIONS QUASI-REGULIERES

Soit G un groupe localement compact, et soit H un sous-groupe fermé de G . Dans cet exposé, nous allons prouver l'équivalence de la G-moyennabilité de l'espace homogène G/H avec un certain nombre de propriétés de type hilbertien, qui peuvent se résumer, grâce à la théorie de J.M.G. Fell (cf. Fell [1], Dixmier [2]) par la suivante :

(F) La représentation unitaire triviale de G est faiblement contenue dans la représentation quasi-régulière de G dans $L^2(G/H, \lambda)$.

Dans le cas des groupes moyennables, l'équivalence des propriétés (M) et (F) est un résultat qui est dû essentiellement à A. Hulanicki [1] et H. Reiter [3] . Compte-tenu de l'équivalence de (M) avec (P_2), démontrée à l'Exposé 2, ce résultat se généralise facilement aux espaces homogènes moyennables (cf. aussi F.P. Greenleaf [2]). Quand on sait faire explicitement l'analyse harmonique de la représentation quasi-régulière en composantes irréductibles, on dispose ainsi d'un critère commode pour décider de la moyennabilité de G/H . Mais, de plus, grâce aux propriétés obtenues dans les exposés précèdents, on peut améliorer certains points de la théorie de Fell elle-même : cf. par exemple ci-après l'implication : (F^*) entraîne (F), qui semble nouvelle.

§ 1. Rappels sur les représentations unitaires

On se reportera au livre de J. Dixmier [2] sur les C^*-algèbres, notamment au § 18.

Si G est un groupe <u>abélien</u> localement compact, et si $\hat{G}$ est le groupe dual, ensemble des caractères continus sur G, depuis Pontrjagin on munit classiquement $\hat{G}$ de la topologie de la convergence uniforme sur tout compact de G. Cette topologie a été généralisée par J.M.G. Fell ([1], [2] et [3]) comme suit.

Soit G un groupe localement compact <u>quelconque</u>, $d\mu$ une mesure de Haar à gauche sur G, et soit Σ l'ensemble des (classes de) représentations unitaires continues π de G dans des espaces de Hilbert $\mathcal{H}_\pi$. Plus particulièrement, $\hat{G}$ désignera l'ensemble de celles qui sont (topologiquement) irréductibles. Si $\pi \in \Sigma$ et si $\nu \in M^1(G)$ est une mesure de Radon bornée sur G, on pose :

$$\pi(\nu) = \int_G \pi(x)\, d\nu(x) \quad ,$$

intégrale à valeurs opératorielles, définie, pour $\xi, \eta \in \mathcal{H}_\pi$, par

$$(\pi(\nu)\xi \mid \eta) = \int_G (\pi(x)\xi \mid \eta)\, d\nu(x) .$$

Si $\pi \in \Sigma$, <u>les fonctions de type positif associées à</u> π sont, par définition, définies sur G par $x \longmapsto (\pi(x)\xi \mid \xi)$, où $\xi \in \mathcal{H}_\pi$. Ce sont effectivement des fonctions continues "de type positif", c'est-à-dire des fonctions u telles que, pour tous $x_1, \ldots, x_n \in G$ et $c_1, \ldots, c_n$ complexes,

$$\sum c_i \bar{c}_j\, u(x_i x_j^{-1}) \geq 0 .$$

Nous dirons que u est <u>normalisée</u> si $u(e) = 1$.

Soit $\omega \in \Sigma$ et soit $\mathcal{S} \subset \Sigma$. On dit que ω est <u>faiblement contenue</u> dans $\mathcal{S}$ si toute fonction de type positif associée à ω est limite uniforme sur tout compact de G de sommes finies de fonctions de type positif associées à des représentations appartenant à $\mathcal{S}$.

Si $\omega \in \hat{G}$, on peut supprimer les mots "sommes finies de" dans la définition précèdente : nous redémontrerons ce fait plus loin quand ω est la représentation triviale. D'autre part, si $\omega \in \Sigma$ et $\mathcal{S} \subset \Sigma$, pour que la représentation ω soit faiblement contenue dans $\mathcal{S}$, il faut que,

pour toute $\nu \in M^1(G)$, $\quad \|\omega(\nu)\| \leq \sup_{\pi \in \mathcal{S}} \|\pi(\nu)\|$,

et il suffit que,

pour toute $f \in L^1(G, d\mu)$, $\quad \|\omega(f)\| \leq \sup_{\pi \in \mathcal{S}} \|\pi(f)\|$.

Soit $\mathcal{S} \subset \hat{G}$. Appelons <u>fermeture</u> de $\mathcal{S}$ l'ensemble $\overline{\mathcal{S}}$ des $\omega \in \hat{G}$ qui sont faiblement contenues dans $\mathcal{S}$. Disons que $\mathcal{S}$ est fermée dans $\hat{G}$ si et seulement si $\mathcal{S} = \overline{\mathcal{S}}$. Cette notion d'ensemble fermé définit sur $\hat{G}$ une topologie, la <u>topologie de Fell</u>. Il arrive souvent qu'elle ne soit pas séparée au sens de Hausdorff. Si G est abélien, on retrouve sur le groupe dual $\hat{G}$ la topologie de Pontrjagin.

§ 2. Enoncé du Théorème

Soit G un groupe localement compact, et soit H un sous-groupe fermé de G . Nous reprenons les notations du § 2 de l'Exposé n° 2. Notamment, si $1 \leq p < +\infty$, et si $s \in G$, on considère l'opérateur $\pi_p(s)$ dans $L^p(G/H, \lambda)$ défini en (2.9). Posons $\frac{1}{q} + \frac{1}{p} = 1$. Plus généralement, si $\nu \in M^1(G)$, on définit dans $L^p(G/H, \lambda)$ un opérateur $\pi_p(\nu)$ par :

$$(\pi_p(\nu)f,g) = \int_G (\pi_p(s)f,g)\, d\nu(s)$$

$$= \int_G \int_{G/H} \sqrt[p]{\chi(s^{-1},\dot{x})}\, f(s^{-1}\dot{x})\, \overline{g(\dot{x})}\, d\lambda(\dot{x})\, d\nu(s) ,$$

où $f \in L^p(G/H, \lambda)$ et $g \in L^q(G/H, \lambda)$. De même, soit $\pi_\infty(\nu)$ l'opérateur défini dans $L^\infty(G/H, \lambda)$ par

$$(f, \pi_\infty(\nu)\varphi) = (\pi_1(\nu)f,\varphi) \qquad (\varphi \in L^\infty(G/H) , f \in L^1(G/H)).$$

Si $\nu \in M^1(G)$, on désignera par $\|\nu\|_{\pi_p}$ la norme de l'opérateur $\pi_p(\nu)$ dans l'espace de Banach $L^p(G/H, \lambda)$. Pour $1 \leq p \leq +\infty$, on a :

$$\|\nu\|_{\pi_p} \leq \|\nu\|_1 .$$

Nous noterons simplement π la <u>représentation quasi-régulière</u> π_2 de G dans $L^2(G/H,\lambda)$ définie à l'Exposé 2 par la formule :

$$(2.8) \qquad [\pi(s)f](\dot{x}) = \sqrt{\chi(s^{-1}, \dot{x})}\, f(s^{-1}\dot{x}) ,$$

où $s \in G$, $\dot{x} \in G/H$, $f \in L^2(G/H, \lambda)$.

Enfin i_G désignera la représentation unitaire triviale, de dimension un, de G , i.e. celle où $\mathcal{H}_\pi$ est de dimension un, et où, pour tout $x \in G$, $\pi(x)$ est l'opérateur identique de $\mathcal{H}_\pi$.

A l'exposé 2 nous avons vu que la moyennabilité de l'espace homogène G/H est susceptible de nombreuses définitions équivalentes. En voici encore quelques autres.

THEOREME. Soit G un groupe localement compact, et soit H un sous-groupe fermé de G . Soit π la représentation quasi-régulière de G dans $L^2(G/H, \lambda)$. Soit p un nombre réel tel que $1 < p < +\infty$. Les propriétés suivantes sont équivalentes :

(P) L'espace homogène G/H est G-moyennable.

(F') i_G est faiblement contenue dans π, c'est-à-dire la constante 1 est limite uniforme sur tout compact de G de sommes finies de fonctions de la forme $x \longmapsto (\pi(x)f \mid f)$, où $f \in L^2(G/H, \lambda)$.

(F) [resp. (F^*)] La constante 1 est limite uniforme sur tout compact de G [resp. limite simple sur G] de fonctions de la forme $x \longmapsto (\pi(x)f \mid f)$, où $f \in L^2(G/H)$ et $\|f\|_2 = 1$.

(F") Si $\nu \in M^1(G)$, et si $\pi(\nu)$ est un opérateur hermitien positif dans $L^2(G/H, \lambda)$, alors $\int_G d\nu(x) \geq 0$.

(D_p) [resp. (D_p^*)] Pour toute mesure ν bornée positive sur G [resp. pour toute $\nu = f(x)\, d\mu(x)$, où $f \geq 0$ appartient à $L^1(G,\mu)$], on a $\|\nu\|_{\pi_p} = \|\nu\|_1$.

Pour prouver ce théorème, nous suivrons le schéma logique suivant :

$(F^*) \Longrightarrow (P_2^*)$;

$(P_2) \Longrightarrow (F) \Longrightarrow (F'') \Longrightarrow (F') \Longrightarrow (F) \Longrightarrow (D_2) \Longleftrightarrow (D_p)$;

$(D_p^*) \Longleftrightarrow (D_2^*) \Longrightarrow (F)$.

Comme il est évident que (F) entraîne (F^*) et que (D_p) entraîne (D_p^*) , et, puisqu'on a montré à l'Exposé 2 que (P_2^*) entraîne (P_2) , chacune de ces propriétés de Reiter étant d'ailleurs équivalente à la moyennabilité de G/H , le théorème sera complètement démontré.

<u>§ 3. Démonstration de</u> : (F^*) <u>entraîne</u> (P_2^*) , <u>et de</u> : (P_2) <u>entraîne</u> (F)

a) Supposons (F^*). Soit K une partie finie de G , et soit $\varepsilon > 0$. D'après (F^*), soit $f \in L^2(G/H, \lambda)$, telle que $\|f\|_2 = 1$, et telle, pour tout $s \in K$,

$$\left| 1 - (\pi(s)f \mid f) \right| \leq \varepsilon^2/2 .$$

Alors, pour tout $s \in K$,

$$\|\pi(s)f - f\|_2^2 = (\pi(s)f - f \mid \pi(s)f - f) = \|\pi(s)f\|_2^2 + \|f\|_2^2 - 2\,\mathcal{R}e(\pi(s)f \mid f)$$

$$= 2\left[1 - \mathcal{R}e(\pi(s)f \mid f)\right] \leq 2 \left| 1 - (\pi(s)f \mid f)\right| \leq \varepsilon^2 .$$

Posons $g = |f|$. Alors g est positive et de norme un dans $L^2(G/H)$ et, par suite de l'inégalité $\big| |a| - |b| \big| \leq |a - b|$, on a, pour tout $s \in K$,

$$\|\pi(s)g - g\|_{L^2(G/H)} \leq \varepsilon ,$$

ce qui prouve (P_2^*) .

b) Supposons (P_2). Soit K une partie compacte de G , et soit $\varepsilon > 0$. D'après (P_2) , soit $f \in L^2(G/H, \lambda)$, telle que $\|f\|_2 = 1$, et telle que, pour tout $s \in K$,

$$\|\pi(s)f - f\|_2 \leq \varepsilon .$$

Alors, pour tout $s \in K$, on a d'après l'inégalité de Schwarz,.

$$|1 - (\pi(s)f|f)| = |([\pi(s) - \pi(e)] . f | f)| \leq \|\pi(s)f - f\|_2 \ \|f\|_2 \leq \varepsilon ,$$

ce qui prouve (F).

§ 4. Démonstration de : (F) entraîne (F")

Soit $\mathfrak{D} \in M^1(G)$ telle que $\pi(\mathfrak{D})$ soit hermitien positif. Soit $\varepsilon > 0$. Soit K un compact tel que : $|\mathfrak{D}|(G - K) \leq \varepsilon$. En vertu de (F), soit $f \in L^2(G/H, \lambda)$ de norme un, et telle que, pour tout $s \in K$, $|1 - (\pi(s)f | f)| \leq \varepsilon$. Alors :

$$\left|\int_G d\mathfrak{D}(x) - (\pi(\mathfrak{D})f | f)\right| = \left|\int_G [1 - (\pi(s)f | f)] \ d\mathfrak{D}(x)\right|$$

$$\leq \int_K + \int_{G-K} |1 - (\pi(x)f | f)| \ d|\mathfrak{D}|(x) \leq \varepsilon \ \|\mathfrak{D}\|_1 + 2\varepsilon = \varepsilon' .$$

Or, $\pi(\mathfrak{D})$ étant hermitien positif, $(\pi(\mathfrak{D})f | f)$ est ≥ 0 . On voit que est réelle et que $\int_G d\mathfrak{D}(x) \geq (\pi(\mathfrak{D})f | f) - \varepsilon' \geq -\varepsilon'$,

d'où $\int_G d\mathfrak{D}(x) \geq 0$, car ε' est arbitrairement petit, ce qui prouve (F").

§ 5. Démonstration de : (F") entraîne (F')

Soit P_π l'ensemble des fonctions continues sur G qui sont limites uniformes sur tout compact de G de sommes finies de fonctions de type positif associées à π. On a d'abord le

LEMME. P_π <u>est un cône convexe faiblement fermé dans</u> $L^\infty(G,\mu)$.

Les fonctions appartenant à P_π sont continues de type positif, donc bornées, et il est clair que P_π est un cône convexe. Soit B^∞ la boule-unité de $L^\infty(G,\mu)$. D'après la théorie des espaces de Banach (cf. N. Bourbaki, [2], Chap. IV, § 2, Théor. 5), il suffit de prouver que $B^\infty \cap P_\pi$ est faiblement fermé dans B^∞. Soit donc $u \in B^\infty$, et supposons que u soit limite, pour la topologie faible de dualité $\sigma(L^\infty, L^1)$, de fonctions $u_i \in P_\pi$ telles que $\|u_i\|_\infty = u_i(e) \leq 1$. Alors u est de type positif, car, pour $f \in L^1(G,\mu)$, les inégalités $(f * \tilde{f}, u) \geq 0$ se conservent par passage à la limite faible, donc u est égale (localement presque partout) à une fonction <u>continue</u> de type positif (cf. J. Dixmier [2], (13.4.5), p. 257). Pour montrer que $u \in P_\pi$, il suffit alors de vérifier, d'après Eymard [2], Proposition (2.1), p. 191, que, pour toute fonction f continue à support compact sur G,

$$\left|\int_G f(x)\, u(x)\, d\mu(x)\right| \leq \|\pi(f)\| .$$

Mais c'est évident en passant à la limite faible, car, les u_i étant dans

$P_\pi \cap B^\infty$, on a, pour tout i ,

$$\left| \int_G f(x)\, u_i(x)\, d\mu(x) \right| \leq u_i(e) \, \| \pi(f) \| \leq \| \pi(f) \| .$$

Le lemme étant ainsi démontré, supposons qu'on ait la propriété (F"). Prouvons alors (F'), c'est-à-dire que la constante 1 est dans P_π . En vertu du lemme, il suffit d'établir que 1 est dans le bipolaire de P_π . Soit donc $g \in L^1(G)$ un élément du polaire de P_π . Comme P_π est un cône, on a :

$\mathcal{R}e(g,u) \leq 0$ pour toute $u \in P_\pi$ et, en particulier,

$$\text{pour toute } f \in L^2(G/H, \lambda) , \qquad \mathcal{R}e \int_G g(x)(\pi(x)f \mid f) \leq 0 .$$

Autrement dit, si $\mathcal{D}$ désigne la mesure $-(g + g^*)(x)\, d\mu(x)$, l'opérateur $\pi(\mathcal{D})$ est hermitien positif. Alors, d'après (F"), on a $\int_G d\mathcal{D}(x) \geq 0$, autrement dit : $\mathcal{R}e \int_G g(x)\, d\mu(x) \leq 0$, ce qui prouve que 1 appartient au bipolaire de P_π .

§ 6. Démonstration de : (F') entraîne (F)

Pour montrer qu'on peut se passer des sommes finies, l'idée essentielle est d'appliquer le sous-produit que voici du théorème de Krein-Milman :

LEMME. Dans un espace localement convexe séparé, soit Q un ensemble compact, et soit C_Q l'enveloppe convexe fermée de Q . Supposons que C_Q soit compacte. Alors tout point extrêmal de C_Q est <u>déjà</u> dans Q . (cf. N. Bourbaki, [1] , Chap. 2, § 4, Prop. 4).

Soit P_o l'ensemble de toutes les fonctions continues de type positif normalisées sur G . C'est un ensemble convexe compact pour la topologie $\sigma(L^{\infty}, L^1)$. Prenons pour Q l'ensemble des $u \in P_o$ qui sont limites uniformes sur tout compact de G de fonctions de type positif normalisées associées à π. Sur P_o les topologies $\sigma(L^{\infty}, L^1)$ et de la convergence compacte coïncident (cf. J. Dixmier [2] , (13.5.2), p. 260). Donc Q est compact dans P_o , ainsi que son enveloppe convexe faiblement fermée C_Q .

Or, par hypothèse, 1 est limite uniforme sur tout compact de G de fonctions $v = u_1 + \ldots + u_n$, où les u_n sont associées à π. Par conséquent 1 est limite en convergence compacte des fonctions

$$\frac{v}{v(e)} = \frac{u_1(e)}{v(e)} \frac{u_1}{u_1(e)} + \ldots + \frac{u_n(e)}{v(e)} \frac{u_n}{u_n(e)} ,$$

ce qui prouve que 1 appartient à C_Q .

Mais 1 est un <u>point extrêmal</u> de P_o , car si $u \in P_o$ et $v \in P_o$ sont telles que $\frac{1}{2} [u(x) + v(x)] = 1$ pour tout $x \in G$, il faut que, pour tout $x \in G$, $u(x) = v(x) = 1$, car $|u(x)| \leq |u(e)| = 1$ et $|v(x)| \leq |v(e)| = 1$.

Donc 1 est un point extrêmal de C_Q , et, d'après le lemme de Krein-Milman, 1 appartient à Q , ce qui prouve la propriété (F) .

<u>§ 7. Moyennabilité et convolution par les mesures bornées positives</u>

Reste à prouver l'équivalence de la moyennabilité avec les propriétés (D_p) définies au § 2. Dans le cas des groupes, ces propriétés ont été envisagées par J. Dieudonné [1] .

a) Prouvons que (F) <u>entraîne</u> (D_2). Soit ν une mesure bornée positive sur G . Supposons d'abord que <u>le support</u> K <u>de</u> ν <u>soit compact</u>, et soit $\varepsilon > 0$. D'après (F), il existe $f \in L^2(G/H)$ de norme un et telle que, si l'on pose $u(x) = (\pi(x)f|f)$, on a : $\inf_{x \in K} [\mathcal{R}e\, u(x)] \geq 1 - \varepsilon$. Alors :

$$\|\pi(\nu)\| \geq |(\pi(\nu)f \mid f)| = \left|\int_G u(x)\, d\nu(x)\right| = \left|\int_K u(x)\, d\nu(x)\right| \geq$$

$$\geq \mathcal{R}e \int_K u(x)\, d\nu(x) = \int_K \mathcal{R}e[u(x)]\, d\nu(x) \geq (1-\varepsilon) \int_K d\nu(x) = (1-\varepsilon)\|\nu\|_1 ,$$

ce qui, ε étant arbitraire, prouve que $\|\pi(\nu)\| \geq \|\nu\|_1$, c'est-à-dire (D_2). Supposons maintenant que <u>le support de</u> ν <u>soit quelconque</u>, et soit $\varepsilon > 0$. Soit K un compact choisi dans G de sorte que, ν_K étant la restriction de ν à K, $\|\pi(\nu) - \pi(\nu_K)\| \leq \|\nu - \nu_K\|_1 \leq \varepsilon$. Alors, ν_K étant à support compact,

$$\|\pi(\nu)\| \geq \|\pi(\nu_K)\| - \varepsilon = \|\nu_K\|_1 - \varepsilon \geq \|\nu\|_1 - 2\varepsilon ,$$

ce qui prouve encore (D_2).

b) Prouvons que (D_2^*) <u>entraîne</u> (F). On soit (cf. le § 1 du présent exposé) que (F) équivaut à la propriété :

(2) <u>pour toute</u> $f \in L^1(G, d\mu)$, $\left|\int_G f(x)\, d\mu(x)\right| \leq \|\pi(f)\|$.

Montrons que (2) résulte de (D_2^*). Pour f <u>positive</u>, c'est évident. Supposons maintenant f <u>réelle</u>. Alors $f = g - h$, où g et h sont ≥ 0 et dans $L^1(G)$.

$$\left|\int_G f\, d\mu\right| = \left|\int_G g\, d\mu - \int_G h\, d\mu\right| = \left|\|\pi(g)\| - \|\pi(h)\|\right| \leq \|\pi(g-h)\| = \|\pi(f)\| ,$$

ce qui prouve (1) dans ce cas. Enfin supposons f quelconque. Sur l'espace $L^1(G)$ semi-normé par $\|g\|_\pi = \|\pi(g)\|$, définissons une forme linéaire réelle φ par : $\varphi(g) = \int_G \mathcal{R}e\, g$. Elle est de norme un, car, pour toute $g \in L^1(G)$,

$$|\varphi(g)| \leq \|\mathcal{R}e\, g\|_\pi = \|\tfrac{1}{2}\ (g + \bar{g})\|_\pi \leq \tfrac{1}{2}\ (\|g\|_\pi + \|\bar{g}\|_\pi) = \|g\|_\pi$$

puisqu'on est assuré, pour la représentation quasi-régulière π de G dans $L^2(G/H)$ que $\|\pi(g)\| = \|\pi(\bar{g})\|$. Dans ces conditions, on sait que la forme linéaire complexe ψ définie par

$$\psi(f) = \varphi(f) - i\varphi(if)$$

et aussi de norme un (c'est la complexifiée de φ). Or

$$\psi(f) = \int_G (\mathcal{R}e\, f)\, d\mu - i\int_G \mathcal{R}e(if)\, d\mu = \int_G f\, d\mu$$

donc

$$\left|\int_G f(x)\, d\mu(x)\right| \leq \|\pi(f)\| ,$$

ce qui achève de prouver (2).

c) Prouvons enfin que, pour $1 < p < +\infty$, les diverses propriétés (D_p) [resp. (D_p^*)] sont équivalentes entre elles. Si ν est une mesure positive bornée sur G , il résulte immédiatement du théorème d'interpolation de Riesz-Thorin que la fonction $t \longmapsto \log \|\nu\|_{\pi_{\frac{1}{t}}}$ est convexe sur le segment $0 \leq t \leq 1$. Or cette fonction a une valeur $\leq \|\nu\|_1$ aux extrémités de cet intervalle. Donc, si elle vaut $\|\nu\|_1$ en un point $\frac{1}{p}$ intérieur à cet intervalle (hypothèse (D_p)), elle vaut $\|\nu\|_1$ partout, ce qui achève la démonstration du théorème.

REMARQUES : 1°) Supposons le groupe localement compact G séparable. Alors J.M.G. Fell ([2], Corollaire 1 du Th. 4.2., p. 260) démontre que la propriété (F) implique (et par conséquent <u>équivaut</u>) à la suivante, en apparence plus générale :

<u>Toute représentation unitaire continue</u> ω <u>de</u> G <u>est faiblement contenue dans la représentation induite dans</u> G <u>par la représentation restriction de</u> ω <u>à</u> H .

2°) π étant toujours la représentation quasi-régulière de G dans $L^2(G/H, \lambda)$, notons VN_π l'algèbre de von Neumann correspondante, i.e. l'adhérence faible dans $\mathcal{L}(L^2(G/H))$ des opérateurs $\pi(\mu)$, où $\mu \in M^1(G)$.

Considérons la propriété :

(B) <u>Soit</u> $T \in VN_\pi$ <u>tel que, pour toute fonction</u> f <u>positive appartenant à</u> $L^2(G/H)$, <u>la fonction</u> Tf <u>soit positive</u>. <u>Alors il existe</u> $\mu \in M^1_+(G)$ <u>telle que</u> $T = \pi(\mu)$.

En nous limitant, pour simplifier, au cas où il existe sur G/H une mesure $d\lambda(\dot{x})$ qui soit G-invariante, nous allons prouver que (B) <u>implique</u> (D_2) , autrement dit que, si G/H <u>n'est pas moyennable</u> , <u>il existe des "convoluteurs positifs"</u> <u>de</u> $L^2(G/H)$ <u>qui ne soient pas des convolutions par des</u>

<u>mesures bornées sur</u> G .

Nous suivons pour cela étroitement une idée donnée par H. Leptin, [1], pour le cas particulier des groupes. (Voir aussi J. Gilbert [1]).

Supposons, par l'absurde, qu'on ait (B), et non (D_2). Soit $\mu \in M^1(G)$, positive et telle que $\|\pi(\mu)\| = r < 1 = \|\mu\|_1$. Choisissons une $\sigma \in \mathcal{K}(G/H)$, positive, et telle que $\int_{G/H} \sigma(\dot{x})\, d\lambda(\dot{x}) = 1$. Posons

$$\mu^n = \mu * \mu * \dots * \mu \qquad \text{(n fois)} .$$

On a $\|\mu^n\|_{M^1(G)} = 1$, et, à cause de la positivité,

$$\begin{aligned} \|\pi(\mu^n)\sigma\|_{L^1(G/H)} &= \int_{G/H} d\lambda(\dot{x}) \int_G \sigma(y^{-1}\dot{x})\, d\mu^n(y) = \\ &= \int_G d\mu^n(y) \int_{G/H} \sigma(y^{-1}\dot{x})\, d\lambda(\dot{x}) \\ &= \int_G d\mu^n(y) \|\sigma\|_{L^1(G/H)} = \|\mu^n\|_1 \|\sigma\|_{L^1(G/H)} = 1 . \end{aligned}$$

Posons

$$\sigma_N = \sum_{n=1}^{N} \pi(\mu^n)\sigma .$$

On a, à cause de la positivité, $\|\sigma_N\|_{L^1(G/H)} = N$.

Or la série $\sum_{n=1}^{\infty} \pi(\mu^n)$ converge absolument dans le Banach VN_π [car $\|\pi(\mu^n)\| = \|\pi(\mu)\|^n = r^n$] vers un opérateur $T \in VN_\pi$ tel que :

$f \in L^2(G/H)$, $f \geq 0$ implique $Tf \geq 0$. D'après la propriété (B) , on a $T = \pi(\nu)$, où ν est une mesure positive <u>bornée</u>. Par suite :

$$\pi(\nu)\sigma = \sum_{n=1}^{\infty} \pi(\mu^n)\sigma \quad ,$$

où la série converge dans l'espace de Banach $L^2(G/H)$.

Soit (σ_{N_k}) une suite extraite de (σ_N) , telle que la suite $\sigma_{N_k}(\dot{x})$ converge vers $[\pi(\nu)\sigma](\dot{x})$ simplement λ-presque partout. Pour tout k , on a :

$$0 \leq \sigma_{N_k}(\dot{x}) \leq [\pi(\nu)\sigma](\dot{x}) \qquad \lambda\text{-presque partout}$$

et $\pi(\nu)\sigma \in L^1(G/H)$, car la mesure ν est <u>bornée</u>. D'après le théorème de convergence dominée, la suite σ_{N_k} tend vers $\pi(\nu)\sigma$ dans $L^1(G/H,\lambda)$, ce qui est contradictoire avec

$$\lim_{k \to +\infty} \|\sigma_{N_k}\|_{L^1(G/H)} = \lim_{k \to +\infty} N_k = +\infty \quad .$$

<u>§ 8. Moyennabilité et restriction à un sous-groupe</u>

Le point de vue du critère (F) est le plus commode pour prouver que, si G' <u>est un sous-groupe fermé d'un groupe localement compact moyennable, alors</u> G' <u>est un groupe moyennable</u>. Voici l'idée de la démonstration. Si $H = \{e\}$, la propriété (F) s'énonce :

(F) 1 est limite uniforme sur tout compact de G de fonction $f * \tilde{f}$, où $f \in L^2(G)$,

et, dans ce cas, elle est équivalente a la suivante, introduite par R. Godement ([1]):

(G) 1 est limite uniforme sur tout compact de G de <u>fonctions continues de type positif à support compact sur</u> G .

(G) est conséquence triviale de (F), mais la réciproque, plus difficile découle d'un théorème de Godement [1] (cf. aussi J. Dixmier, [2] , (13.8.6), p. 269), qui dit que toute fonction continue de type positif de carré intégrable (et en particulier celles qui sont à support compact) peut s'écrire $f * \tilde{f}$, où $f \in L^2(G)$. L'idée de la démonstration de Godement est essentiellement celle de la racine carrée d'un opérateur hermitien positif.

Or, si la propriété (G) a lieu pour un groupe G , il est clair qu'elle a encore lieu pour tout sous-groupe fermé G' de G , car les <u>restrictions</u> à G' des fonctions continues à support compact et de type positif sur G sont des fonctions continues à support compact et de type positif sur G' .

Mais, dans le cas plus général des espaces homogènes, malgré les nombreuses définitions équivalentes de la moyennabilité de G/H dont nous disposons maintenant, nous ne savons pas actuellement résoudre le

<u>Problème</u>. Soit G un groupe localement compact. Soient H et G' deux sous-groupes fermés de G tels que $H \subset G' \subset G$. Supposons que G/H soit G-moyennable. Est-ce que G'/H est G'-moyennable ?

§ 9. Non-moyennabilité de l'espace de Lobatschesvsky imaginaire

Nous savons (cf. l'Exposé n° 1) que ni $SL(2,\mathbb{C})$, ni $SL(2,\mathbb{R})$ ne sont des groupes moyennables. Cherchons si l'espace homogène $X = SL(2,\mathbb{C})/SL(2,\mathbb{R})$ est $SL(2,\mathbb{C})$-moyennable. Il s'agit essentiellement de l'action du groupe de Lorentz sur l'hyperboloïde à une nappe $x_0^2 - x_1^2 - x_2^2 - x_3^2 = -1$ de l'espace $\mathbb{R}^4$.

$SL(2,\mathbb{C})^{\wedge}$ est connu explicitement (Gelfand-Neumark [1]), ainsi que sa topologie (Fell [1]). D'autre part on connaît explicitement la décomposition de la représentation quasi-régulière π de $SL(2,\mathbb{C})$ dans $L^2(X)$ en intégrale directe de représentations irréductibles, donc on connaît l'"analyseur" $\mathcal{G}_\pi$ de π dans $SL(2,\mathbb{C})^{\wedge}$ (cf. Dixmier [2], (18.1.7)). La détermination de cet analyseur est faite dans Gelfand-Graev [1] (cf. aussi Gelfand-Graev-Vilenkin [1]).

Sur ces résultats explicites, on peut regarder si la représentation triviale i_G de $SL(2,\mathbb{C})$ appartient à $\mathcal{G}_\pi$, ce qui, d'après la condition (F), est le critère de moyennabilité de X . Or, pour un choix convenable des paramètres, $SL(2,\mathbb{C})^{\wedge}$ s'identifie à la figure suivante dans le plan :

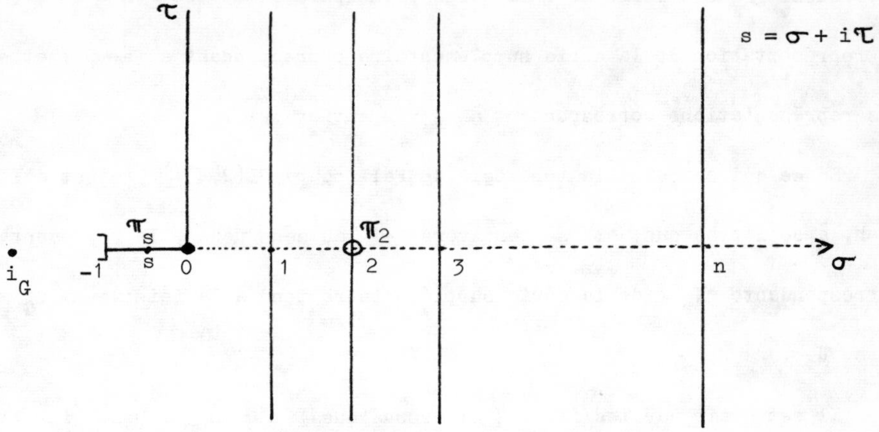

Figure 1 , représentant $SL(2,\mathbb{C})^{\wedge}$.

Pour $s = i\tau, \tau > 0$, on a la série principale de classe 1 ;

Pour $s = n+i\tau$, n entier ≥ 1 , τ réel, on a les autres séries principales ;

Pour $-1 < s$ réel ≤ 0 , on a la série supplémentaire ;

Pour $s = -2$, on a la représentation triviale i_G .

Or l'analyseur φ_π de la représentation quasi-régulière π de $SL(2,\mathbb{C})$ dans $L^2(X)$ s'identifie à la figure suivante :

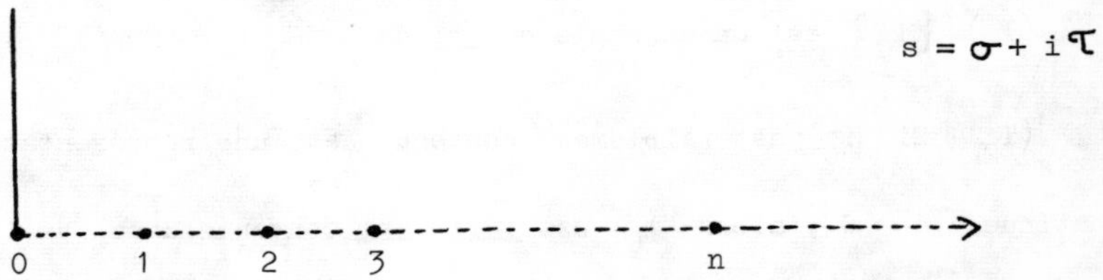

Figure 2 , représentant φ_π .

Ainsi $\mathcal{S}_\pi$ est formé de : la série principale de classe 1 ($s = i\tau, \tau > 0$) ; la représentation de la série supplémentaire correspondant a $s = 0$; et enfin les représentations correspondant à $s = n$ entier $\geqslant 1$.

En ce qui concerne la topologie de Fell pour $SL(2,\mathbb{C})^\wedge$, c'est celle du plan, à ceci près que, si s tend vers -1 au sens usuel, la représentation correspondante π_s de la série supplémentaire tend à la fois vers i_G et vers π_2 .

Il est clair sur les figures ci-dessus que $i_G \notin \mathcal{S}_\pi$. Donc i_G n'est pas faiblement contenue dans π, et par suite : l'<u>espace homogène $SL(2,\mathbb{C})/SL(2,\mathbb{R})$ n'est pas moyennable</u>.

REMARQUE. Cette démonstration est loin d'être élémentaire, puisqu'elle s'appuie sur la connaissance explicite de $SL(2,\mathbb{C})^\wedge$ et de $\mathcal{S}_\pi$.

§ 10. Espaces homogènes moyennables et propriétés de Kazhdan

Soit G un groupe localement compact séparable. D'après D.A. Kazhdan [1], disons que G <u>a la propriété</u> (T) s'il possède les propriétés (<u>équivalentes</u>) qui suivent :

(T_1) $\{i_G\}$ est un ensemble <u>ouvert</u> dans $\widehat{G}$;

(T_2) Si i_G est faiblement contenue dans une représentation unitaire continue π de G , alors i_G est <u>fortement</u> contenue dans π (i.e. alors il existe $\xi \in \mathcal{H}_\pi$, $\xi \neq 0$, tel que, pour tout $x \in G$, $\pi(x)\xi = \xi$).

<u>Exemples</u> (cf. D.A. Kazhdan [1] ; S.P. Wang [1] ; C. Delaroche et A. Kirillov [1]) : tout groupe compact ; les groupes $SL(3,K)$, où K est un corps localement compact non discret ; le groupe $SO(2,3)$ possèdent la propriété (T) . Par contre $SL(2,\mathbb{C})$, $SL(2,\mathbb{R})$, et plus généralement les groupes de Lorentz généralisés, ne possèdent pas la propriété (T).

Si un groupe a la propriété (T), il est nécessairement unimodulaire. Nous voulons ici faire la <u>remarque</u> suivante :

<u>Soit</u> G <u>un groupe possèdant la propriété</u> (T) . <u>Soit</u> H <u>un sous-groupe fermé unimodulaire de</u> G . <u>Supposons que l'espace homogène</u> G/H <u>soit moyennable</u>. <u>Alors</u> G/H <u>est de volume fini</u> (pour la mesure G-invariante).

En effet, par hypothèse, i_G est faiblement contenue dans la représentation quasi-régulière π de G dans $L^2(G/H)$, donc elle y est fortement contenue, d'après (T_2) , ce qui implique que la constante 1 appartient à $L^2(G/H)$.

Autrement dit les groupes définis par Kazhdan n'ont pas d'autres espaces homogènes moyennables que ceux qui sont <u>trivialement</u> moyennables, c'est-à-dire de volume fini.

Exposé n° 4. MOYENNES INVARIANTES ET REPRESENTATIONS DES PRODUITS SEMI-DIRECTS

Dans nos précèdents exposés, le résultat essentiel était, pour un sous-groupe fermé N d'un groupe localement compact G, l'équivalence de la propriété :

(F) La représentation unitaire i_G de G est faiblement contenue dans la représentation quasi-régulière π de G dans $L^2(G/N)$,

avec diverses propriétés d'"aménabilité" du couple (G,N), notamment avec l'existence d'une moyenne G-invariante sur l'espace vectoriel $\mathcal{C}\mathcal{B}(G/N)$.

Or π n'est autre que la représentation $\mathrm{ind}(i_N \uparrow G)$ <u>induite</u> dans G, au sens de Mackey [1] , par la représentation <u>triviale</u> i_N de N. Nous sommes donc amenés, plus généralement, <u>σ étant une représentation unitaire quelconque du sous-groupe</u> N, à considérer la propriété :

(F^{σ}) <u>La représentation unitaire triviale</u> i_G <u>de</u> G <u>est faiblement contenue dans la représentation</u> $\pi_{\sigma} = \mathrm{ind}(\sigma \uparrow G)$ <u>induite dans</u> G <u>par la représentation σ de</u> N ,

et à nous proposer <u>le programme de recherche</u> : traduire la propriété (F^{σ}) par des propriétés d'"aménabilité" du triplet (G, N, σ), par exemple par l'existence de certaines moyennes invariantes.

Pour commencer, il sera bon de supposer que σ <u>est de dimension un</u>, pour éviter les difficultés inhérentes aux fonctions à valeurs vectorielles. Même dans ce cas, il reste une obstruction sérieuse, dans le cas d'un sous-groupe N

quelconque, au moment de démontrer l'analogue de l'équivalence entre les propriétés (P_2) et (P_1) de Reiter, équivalence qui est dans la théorie la charnière entre les propriétés hilbertiennes (représentations unitaires) et les propriétés de moyenne. La difficulté essentielle est que, si $\sigma \neq i_N$, dans l'espace L^2_σ des $f \in L^2(G)$ telles que, pour tout $n \in N$, $f(xn) = \sigma(n)f(x)$, il n'y a pas de fonctions positives.

Aussi dans cet exposé nous placerons-nous dans une hypothèse encore plus restrictive, celle où N est un sous-groupe fermé distingué de G , dans lequel il est supposé facteur semi-direct. Dans ce cas nous obtenons une traduction de (F^σ) en termes de moyennes invariantes.

§ 1. Enoncé du théorème

Soit G un groupe localement compact séparable. Supposons qu'il existe deux sous-groupes fermés K et N de G , tels que N soit distingué dans G, et tels qu'on ait la décomposition $G = KN = NK$, où l'on suppose que l'application $(k,n) \longmapsto kn$ est un homéomorphisme de $K \times N$ sur G . Notons dk et dn des mesures de Haar à gauche sur K et N respectivement.

Dans tout ce qui suit, on donne une représentation unitaire continue σ de dimension un de N . Pour tout $k \in K$,

$$n \longmapsto \sigma_k(n) = \sigma(k^{-1}nk)$$

est encore une représentation unitaire continue de dimension un de N .

On appellera <u>orbite de σ par</u> K , et l'on notera $\mathcal{O}_K(\sigma)$, l'ensemble (contenu dans $\hat{N}$) des σ_k , quand k parcourt K .

Soit π_σ la représentation unitaire continue de G (<u>induite</u> par σ) définie dans l'espace de Hilbert $L^2(K) = L^2(K,dk)$ par la formule :

$$[\pi_\sigma(x)\varphi](t) = \sigma(t^{-1}nt)\ \varphi(k^{-1}t) \quad ,$$

où $\varphi \in L^2(K)$, et où $x = nk \in G$, avec $n \in N$, $k \in K$.

On vérifie facilement que, si $x_1 = n_1k_1$ et $x_2 = n_2k_2$, alors

$$\pi_\sigma(x_1x_2) = \pi_\sigma(x_1) \circ \pi_\sigma(x_2) \quad ,$$

car

$$\pi_\sigma(x_1)\ [\pi_\sigma(x_2)\varphi](t) = \sigma(t^{-1}n_1t)\ [\pi_\sigma(x_2)\varphi]\ (k_1^{-1}t)$$

$$= \sigma(t^{-1}n_1t)\ \sigma(t^{-1}k_1n_2k_1^{-1}t)\varphi\ (k_2^{-1}k_1^{-1}t) = \sigma(t^{-1}n_1k_1n_2k_1^{-1}t)\varphi\ [(k_1k_2)^{-1}t]$$

$$= [\pi_\sigma(x_1x_2)\varphi]\ (t) \quad ,$$

puisque $x_1x_2 = n_1k_1n_2k_2 = n_1k_1n_2k_1^{-1} . k_1k_2$, où $n_1k_1n_2k_1^{-1} \in N$ et $k_1k_2 \in K$.

Dans l'énoncé suivant, nous nous limiterons aux équivalences les plus importantes ; nous indiquerons au § 7 leurs implications sur d'autres propriétés.

THEOREME 1. <u>Avec les hypothèses et notations ci-dessus, les quatre assertions suivantes sont équivalentes</u> :

(F^{σ}) La représentation unitaire triviale i_G de G est faiblement contenue dans $\pi_\sigma = \mathrm{ind}\,(\sigma \uparrow G)$.

(F_o^{σ}) Le groupe K est moyennable, et i_N est faiblement contenue dans $\mathcal{O}_K(\sigma)$.

(P_1^{σ}) Pour tout compact Q_1 de N , tout compact Q_2 de K et tout $\varepsilon > 0$, il existe une fonction ψ positive et de norme un dans $L^1(K)$, telle que :

(1) pour toute mesure bornée positive normalisée $\mathfrak{D}$ sur N , à support dans Q_1 , on a :

$$\left| \int_K \left[\hat{\mathfrak{D}}(\sigma_t) - 1 \right] \psi(t)\, dt \right| \leq \varepsilon$$

où l'on pose

$$\hat{\mathfrak{D}}(\sigma_t) = \int_N \sigma(t^{-1}nt)\, d\mathfrak{D}(n) \quad .$$

(2) pour tout $k \in Q_2$, on a

$$\int_K \left| \psi(k^{-1}t) - \psi(t)\, dt \right| \leq \varepsilon \quad .$$

(M^{σ}) Sur l'espace vectoriel $\mathcal{CB}(K)$, il existe une moyenne M qui est K-invariante et telle que, de plus, pour toute $f \in \mathcal{CB}(K)$ et toute $\mathfrak{D} \in M^1(N)$, on ait la formule

$$(3) \quad \boxed{M_t \left(\left[\int_N \sigma(t^{-1}nt)\, d\mathfrak{D}(n) \right] f(t) \right) = \left(\int_N d\mathfrak{D}(n) \right) M(f)} \quad .$$

En pratique, comme nous le verrons sur les exemples à la fin de l'exposé, l'implication la plus intéressante est : (F_o^σ) entraîne (M^σ) . En effet le critère (F_o^σ) est d'une vérification aisée. Via (M^σ), il permet d'obtenir, pour un groupe moyennable K , l'existence de moyennes K-invariantes qui satisfont à la propriété de stabilité <u>supplémentaire</u> (3) , et ceci en "vissant" convenablement K avec un groupe N , de façon à former un produit semi-direct pour lequel le critère : $i_N \in \overline{O_K(\sigma)}$ soit vérifié.

§ 2. Démonstration de : (M^σ) entraîne (F_o^σ)

Par hypothèse K est un groupe moyennable. De plus appliquons (3) à la fonction f = 1 . Puisque M(1) = 1 , il vient, pour tout $\nu \in M^1(N)$,

$$\| i_N(\nu) \| = \left| \int_N d\nu(n) \right| = \left| M_t \left(\int_N \sigma_t(n)\, d\nu(n) \right) \right| = \left| M_t(\sigma_t(\nu)) \right|$$

$$\leq \sup_{t \in K} \| \sigma_t(\nu) \| = \sup_{\pi \in O_K(\sigma)} \| \pi(\nu) \| ,$$

donc i_N est faiblement contenue dans $O_K(\sigma)$ [cf. le § 1 de l'Exposé 3].

§ 3. Démonstration de : (F_o^σ) entraîne (F^σ)

On pourrait ici appliquer un théorème général de J.M.G. Fell ([2] , théorème (4.1)), qui énonce que la notion de "weak containment" est compatible avec celle de représentation induite. Dans le présent cas particulier la démonstration en est un peu plus simple, et nous avons préféré la rédiger pour la commodité du lecteur. Commençons par trois remarques simplificatrices :

REMARQUE 1. Comme on l'a vu à l'Exposé 1 (au 4°) du § 3), puisque N est distingué, l'espace homogène $G/N \simeq K$ est moyennable, donc i_G est faiblement contenue dans $\pi_{i_N} = \mathrm{ind}(i_N \uparrow G)$, qui n'est autre que la représentation quasi-régulière de G dans $L^2(G/N)$. Puisque la relation de "weak containment" est transitive, <u>nous sommes ramenés à prouver que</u> π_{i_N} <u>est faiblement contenue dans</u> π_σ.

REMARQUE 2. Si $\tau \in K$, les représentations $\pi_\sigma = \mathrm{ind}(\sigma \uparrow G)$ et $\pi_{\sigma_\tau} = \mathrm{ind}(\sigma_\tau \uparrow G)$ sont unitairement équivalentes. En effet, si, pour toute $\varphi \in L^2(K)$, on pose

$$S\varphi(t) = \varphi(t\tau^{-1}) \ \Delta_K^{\frac{1}{2}} (\tau^{-1}) ,$$

S est un opérateur unitaire dans $L^2(K)$, pour lequel on a, pour tout $x \in G$,

$$\pi_\sigma(x) \circ S = S \circ \pi_{\sigma_\tau}(x) .$$

Ainsi <u>il nous suffira de vérifier que</u> toute fonction continue de type positif associée à π_{i_N} est limite uniforme sur tout compact de G de fonctions continues de type positif associées à des π_{σ_τ} , où τ parcourt K .

REMARQUE 3. Notons $\mathcal{H}$ l'espace des fonctions continues à support compact. Si $\varphi \in \mathcal{H}(G)$, et si σ est une représentation unitaire continue de dimension un de N , posons, pour tout $t \in K$,

$$\varphi^\sigma(t) = \int_N \sigma(n) \varphi(tn) \, dn .$$

En particulier $\varphi^{i_N}(t) = \int_N \varphi(tn)\, dn$. Il est connu (cf. N. Bourbaki [3], Chapitre 7, § 2, nº 2, p. 43) que $\varphi \longmapsto \varphi^{i_N}$ est une surjection de $\mathcal{K}(G)$ sur $\mathcal{K}(K)$. Par suite, quand φ parcourt $\mathcal{K}(G)$, les fonctions φ^{i_N} forment un ensemble dense dans $L^2(K)$. Compte-tenu des remarques 1 et 2, on aura donc prouvé que (F_o^{σ}) entraîne (F^{σ}) , si on démontre le

LEMME. Soit $\varphi \in \mathcal{K}(G)$. Alors la fonction $x \longmapsto (\pi_{i_N}(x)\varphi^{i_N} \mid \varphi^{i_N})$ est limite uniforme sur tout compact de G de fonctions $x \longmapsto (\pi_{\sigma_\tau}(x)\varphi^{\sigma_\tau} \mid \varphi^{\sigma_\tau})$, où $\tau \in K$.

Démonstration du Lemme. Posons $x = nk$, où $n \in N$, $k \in K$. On a :

$$(\pi_{\sigma_\tau}(x)\, \varphi^{\sigma_\tau} \mid \varphi^{\sigma_\tau}) = \int_K \sigma(\tau^{-1}t^{-1}nt\tau)\, \varphi^{\sigma_\tau}(k^{-1}t)\, \overline{\varphi^{\sigma_\tau}(t)}\, dt$$

$$= \int_K \sigma(\tau^{-1}t^{-1}nt\tau) \int_N \sigma(\tau^{-1}n'\tau)\, \varphi(k^{-1}tn') \int_N \overline{\sigma(\tau^{-1}n''\tau)}\, \overline{\varphi(tn'')}\, dn''dn'dt$$

$$= \int_K \int_N \int_N \sigma(\tau^{-1}t^{-1}nt\, n'\, n''^{-1}.\tau)\, \varphi(k^{-1}tn')\, \overline{\varphi(tn'')}\, dn''dn'dt \quad ;$$

par conséquent :

$$(\pi_{i_N}(x)\, \varphi^{i_N} \mid \varphi^{i_N}) - (\pi_{\sigma_\tau}(x)\, \varphi^{\sigma_\tau} \mid \varphi^{\sigma_\tau}) =$$

$$\int_K \int_N \int_N \left[1 - \sigma_\tau(t^{-1}nt\, n'\, n''^{-1}) \right] \varphi\, (k^{-1}tn')\, \overline{\varphi\, (tn'')}\, dn''dn'dt \quad .$$

Donnons-nous un compact Q_1 de K et un compact Q_2 de N . Soit d'autre part C_1 (resp. C_2) un compact de K (resp. N) tel que le support de φ soit inclus dans C_1C_2 . Supposons que $x = nk$ reste dans Q_2Q_1 . Pour calculer l'intégrale, il suffit de faire varier $t^{-1}nt\, n'\, n''^{-1}$ dans le compact

$C_3 = (\bigcup_{t \in C_1} t^{-1} Q_2 t)\, C_2 C_2^{-1}$ de N . Alors, puisque i_N est faiblement contenue dans $\mathcal{O}_K(\sigma)$, il existe $\tau \in K$ tel que, pour tout $y \in C_3$, on ait

$|1 - \sigma_\tau(y)| \leq \varepsilon$.

Pour un tel τ , on a, pour tout $x \in Q_2 Q_1$,

$$\left|(\pi_{i_N}(x)\, \varphi^{i_N} | \varphi^{i_N}) - (\pi_{\sigma_\tau}(x)\, \varphi^{\sigma_\tau} | \varphi^{\sigma_\tau})\right| \leq \mathrm{mes}(C_1)\, [\mathrm{mes}(C_2)]^2\, \|\varphi\|_\infty^2\, \varepsilon ,$$

ce qui achève la démonstration.

§ 4. Démonstration de : (F^σ) entraîne (P_1^σ)

Soit Q_1 un compact de N , Q_2 un compact de K , et soit $\varepsilon > 0$. D'après (F^σ) , soit φ une fonction positive et de norme un dans $L^2(K)$, telle que, pour tout $x = nk \in Q_1 Q_2 \cup \{e\}$, on ait :

$$\left| 1 - \int_K \sigma(t^{-1}nt)\, \varphi(k^{-1}t)\, \overline{\varphi(t)}\, dt \right| \leq \varepsilon$$

donc telle que :

$$\begin{cases} (1)' \text{ pour tout } n \in Q_1 , & \left| \int_K [\sigma(t^{-1}nt) - 1]\, \varphi(t)\, \overline{\varphi(t)}\, dt \right| \leq \varepsilon , \\ (2)' \text{ pour tout } k \in Q_2 , & \left| 1 - \int_K \varphi(k^{-1}t)\, \overline{\varphi(t)}\, dt \right| \leq \varepsilon^2/8 . \end{cases}$$

Pour cette φ , on a donc aussi :

$$(2)'' \text{ pour tout } k \in Q_2 , \quad \int_K \left|\varphi(k^{-1}t) - \varphi(t)\right|^2 dt \leq \varepsilon^2/4 ,$$

car $\int_K [\varphi(k^{-1}t) - \varphi(t)]\, [\overline{\varphi(k^{-1}t)} - \overline{\varphi(t)}]\, dt = 2 \int_K \mathcal{R}e\, [1 - \varphi(k^{-1}t)\, \overline{\varphi(t)}]\, dt$

$\leq 2 \left|1 - \int_K \varphi(k^{-1}t)\, \overline{\varphi(t)}\, dt \right|$.

Remplaçant φ par $|\varphi|$, ét utilisant dans (2)" l'inégalité

$\big||a| - |b|\big| \leq |a - b|$, on voit qu'on peut même supposer $\varphi \geqslant 0$ dans (1)'

et (2)' , ce que nous faisons.

Alors posons $\psi = \varphi^2$. D'après l'inégalité de Schwarz, pour tout

$k \in Q_2$,

$$\int_K |\psi(k^{-1}t) - \psi(t)| \, dt = \int_K [\varphi(k^{-1}t) - \varphi(t)] \, [\varphi(k^{-1}t) + \varphi(t)] \, dt$$

$$\leq 2\left(\int_K |\varphi(k^{-1}t) - \varphi(t)|^2 \, dt\right)^{\frac{1}{2}} \leq \varepsilon ,$$

donc ψ satisfait à la formule (2) de (P_1^σ) . D'autre part, si ν est une mesure positive normalisée sur N , à support contenu dans Q_1 , on a, d'après (1)' et la formule de Fubini,

$$\left|\int_K [\hat{\nu}(\sigma_t) - 1] \, \psi(t) \, dt\right| = \left|\int_K \psi(t) \, dt \int_N [\sigma(t^{-1}nt) - 1] \, d\nu(n)\right|$$

$$= \left|\int_{Q_1} d\nu(n) \int_K [\sigma(t^{-1}nt) - 1] \, \psi(t) \, dt\right|$$

$$\leq \int_{Q_1} d\nu(n) \left|\int_K [\sigma(t^{-1}nt) - 1] \, \psi(t) \, dt\right| \leq \varepsilon ,$$

donc ψ satisfait à la formule (1) de (P_1^σ).

§ 5. Démonstration de (P_1^σ) entraîne (M^σ)

Soit Λ l'ensemble des triplets (Q_1, Q_2, ε) , où Q_1 (resp. Q_2) est une partie compacte de N (resp. K) et où $0 < \varepsilon < 1$. C'est un ensemble ordonné filtrant pour la relation $(Q_1, Q_2, \varepsilon) \leq (Q_1', Q_2', \varepsilon')$ si $Q_1' \supset Q_1$, $Q_1' \supset Q_2$ et $\varepsilon' \leq \varepsilon$. Dans le dual $[\mathcal{CB}(K)]'$ des moyennes sur $\mathcal{CB}(K)$, considérons l'ensemble (faiblement compact) des moyennes sur $\mathcal{CB}(K)$. Identifions toute fonction ψ positive et de norme un dans $L^1(K)$ à la moyenne $f \mapsto \int_K \psi(t)\, f(t)\, dt$ qu'elle définit. Pour tout $\lambda = (Q_1, Q_2, \varepsilon) \in \Lambda$, soit $\mathcal{M}_\lambda$ l'ensemble des ψ positives et de norme un dans $L^1(K)$ telles qu'on ait les propriétés (1) et (2) de (P_1^σ). La propriété (P_1^σ) énonce que chaque ensemble $\mathcal{M}_\lambda$ est non vide. Choisissant une ψ_λ dans chaque $\mathcal{M}_\lambda$, on définit une application $\lambda \mapsto \psi_\lambda$ de l'ensemble ordonné filtrant Λ dans le compact $\mathcal{M}$. Soit M une valeur d'adhérence de cette application. En passant à la limite selon le filtre Λ, on déduit immédiatement de (1) que la moyenne M est K-invariante, et que M satisfait, pour toute mesure positive normalisée à support compact $\mathfrak{D}$, à l'identité

(4) $$M_t(\hat{\mathfrak{D}}(\sigma_t)) = 1 .$$

Mais de (4), on déduit facilement l'égalité (3) de (M^σ) pour une telle ν (donc pour <u>toute</u> mesure bornée sur N, par linéarité et densité). En effet, appliquons l'inégalité de Schwarz relative à la moyenne M :

$$|M(f\,\bar{g})|^2 \leq M(|f|^2)\, M(|g|^2)$$

à une $f \in \mathcal{CB}(K)$ quelconque, et à $g(t) = 1 - \overline{\hat{\mathfrak{D}}(\sigma_t)}$. D'après (4),

$$M(|g|^2) = M_t(1 - \hat{\mathfrak{D}}(\sigma_t) - \overline{\hat{\mathfrak{D}}(\sigma_t)} + \hat{\mathfrak{D}}(\sigma_t)\,\overline{\hat{\mathfrak{D}}(\sigma_t)}) = 1 - 1 - 1 + 1 = 0 ,$$

car $\tilde{\mathfrak{D}}$ et $\mathfrak{D} * \tilde{\mathfrak{D}}$ sont aussi des mesures positives normalisées à support compact. Donc $M(f\,\bar{g}) = 0$, c'est-à-dire

(3) $$M_t\left[\hat{\mathfrak{D}}(\sigma_t)\, f(t)\right] = M(f) .$$

§ 6. Exemples :

Exemple 1. Observons d'abord que le Théorème n'a pas d'intérêt si K est compact. Dans ce cas en effet la moyenne M ne peut être que la mesure de Haar normalisée dk de K . Alors (M^{σ}) implique que :

$$\int_K \left[\sigma(t^{-1}nt) - 1\right] f(t)\, dt = 0$$

pour toute $f \in \mathcal{C}(K)$ et tout $n \in N$, donc que $\sigma = i_N$. Mais alors (M^{σ}) est une banalité. D'ailleurs, si K est compact et si $\sigma \neq i_N$, il est clair que la propriété (F_o^{σ}) n'a pas lieu, car $O_K(\sigma)$ est une partie compacte de $\hat{N}$ et ne contient visiblement pas i_N .

Exemple 2. L'exemple le plus simple qui vient à l'esprit est celui du groupe G des transformations

$$g(k,n) : x \longmapsto kx + n$$

de $\mathbb{R}$ dans $\mathbb{R}$, où $k > 0$ et où $n \in \mathbb{R}$. Soit N le sous-groupe distingué des $x \mapsto x + n$; soit K le sous-groupe des $x \longmapsto kx$. On a $G = KN$. Le groupe K est isomorphe à $\mathbb{R}_+^*$, donc moyennable. Le groupe N est isomorphe à $\mathbb{R}$. Nous identifions $\hat{N}$ à $\mathbb{R}$ en identifiant à λ le caractère $g(1,n) \longmapsto e^{i\lambda n}$. Alors i_N s'identifie au nombre $\lambda = 0$. Soit $\sigma \in \hat{N}$ défini par $\sigma\left[g(1,n)\right] = e^{in}$. Comme

$$g(k^{-1},0)\ g(1,n)\ g(k,0) = g(1, \tfrac{n}{k}) ,$$

l'orbite $\mathcal{O}_K(\sigma)$, dans N identifié à $\mathbb{R}$, n'est autre que l'ensemble des réels strictement positifs. Puisque 0 est adhérent à cet ensemble, la propriété (F_o^σ) est ici satisfaite, donc aussi (M^σ). Il en résulte qu'il existe sur $\mathcal{CB}(\mathbb{R}_+^*)$ une forme linéaire positive M telle que $M(1) = 1$ et telle que, pour toute $f \in \mathcal{CB}(\mathbb{R}_+^*)$,

$$\begin{cases} \text{pour tout réel } a > 0 , & M_s \{f(as)\} = M(f) \\ \text{pour toute } \mathcal{V} \in M^1(\mathbb{R}) , & M_s \{ \hat{\mathcal{V}}(\frac{1}{s}) f(s)\} = \hat{\mathcal{V}}(0) M(f) . \end{cases}$$

Si nous passons en notation additive en posant $s = e^t$, il revient au même de dire qu'il existe sur $\mathcal{CB}(\mathbb{R})$ une moyenne m invariante par les translations et telle que, de plus,

(5) pour toute $\mathcal{V} \in M^1(\mathbb{R})$, toute $g \in \mathcal{CB}(\mathbb{R})$,

$$m_t \{ \hat{\mathcal{V}}(e^{-t}) g(t)\} = \hat{\mathcal{V}}(0) M(g) .$$

Mais <u>ce résultat peut s'obtenir autrement</u>. En effet, il était déjà connu de Banach (cf. [1], Chap. 2, § 3) que, sur $\mathcal{CB}(\mathbb{R})$ existe une moyenne m invariante par translation et telle que, de plus, si $\lim_{t \to +\infty} g(t) = L(g)$ existe, on ait $m(g) = L(g)$. Alors, pour cette m , on a

$$m_t \{ \hat{\mathcal{V}}(e^{-t}) \} = \lim_{t \to +\infty} \hat{\mathcal{V}}(e^{-t}) = \hat{\mathcal{V}}(0) ,$$

d'où l'on déduit (5) par l'inégalité de Schwarz relative à m .

Nous terminons par un exemple qui, semble-t-il, ne peut s'obtenir par des méthodes triviales.

Exemple 3. Soit G le groupe des transformations linéaires affines de $\mathbb{R}^2$ qui sont du type :

$$g(a,b\ ;\ n_1,n_2)\quad :\quad (x,y) \longmapsto (ax + by + n_1\ ,\ \frac{1}{a}\, y + n_2)\quad ,$$

où $a > 0$ et où b , n_1 , $n_2 \in \mathbb{R}$. Soit N le sous-groupe distingué des $g(1,0;\ n_1,n_2)$; il est isomorphe à $\mathbb{R}^2$. Soit K le sous-groupe (non abélien, mais résoluble, donc moyennable) des $g(a,b\ ;\ 0,0)$. On a :

$$\left[g(a,b;0,0)\right]^{-1}\ g(1,0;n_1,n_2)\ g(a,b;0,0) = g(1,0\ ;\ \frac{1}{a}\, n_1 - b\, n_2\ ,\ an_2)\ .$$

On en tire que, dans $\hat{N}$ identifié à $\mathbb{R}^2$, il y a cinq orbites par K : 1) l'origine ; 2) le demi-axe réel > 0 ; 3) le demi-axe réel < 0 ; 4) le demi-plan supérieur ; 5) le demi-plan inférieur. Dans chacun de ces cas, 0 est dans la fermeture de l'orbite. En appliquant notre théorème, et en nous limitant pour simplifier aux mesures $\mathcal{D}$ de Dirac dans la formule (3) de (M^{σ}) , nous obtenons, pour le groupe K des matrices

$$t(a,b)\ = \begin{pmatrix} a & b \\ 0 & a^{-1} \end{pmatrix} \qquad ,\ \text{où}\ \ a > 0\ ,\ b \in \mathbb{R}\ ,$$

que, pour tout $(\alpha, \beta) \in \mathbb{R}^2$, il existe sur $\mathcal{CB}(K)$ une moyenne M telle que,

$$\begin{cases} (1) \text{ pour toute } f \in \mathcal{CB}(K) \text{ , pour tout } k \in K \text{ , } M_{t \in K}\{f(kt)\} = M(f) \text{ ;} \\ (2) \text{ pour tout } (n_1,n_2) \in \mathbb{R}^2 \text{ , } M_{t(a,b) \in K}\left[\exp\left\{i\alpha(\frac{n_1}{a} - bn_2) + i\beta an_2\right\}\right] = 1 \text{ .} \end{cases}$$

§ 7. Propriétés du type point-fixe ou Reiter-Glicksberg

A la situation énoncée dans les propriétés équivalentes du Théorème 1 du § 1, on va maintenant donner d'autres interprétations. Pour cela, introduisons quelques notations.

Soit $\check{K}$ le compactifié de Čech de K, c'est-à-dire le spectre de Gelfand de la C^*-algèbre commutative $\mathcal{CB}(K)$. Si on le désire, on peut identifier $\check{K}$ à un sous-espace topologique de l'ensemble $\mathcal{M}$ des moyennes sur $\mathcal{CB}(K)$, muni de la topologie faible de dualité, à savoir celui qui est l'adhérence dans $\mathcal{M}$ de l'ensemble des moyennes ponctuelles. Ainsi K est plongé topologiquement dans $\check{K}$, dans lequel il est dense. Par la transformation de Gelfand-Čech correspondante, la C^*-algèbre $\mathcal{CB}(K)$ est appliquée isomorphiquement sur la C^*-algèbre $\mathcal{C}(\check{K})$. Notons $f \longmapsto \check{C}(f)$ cette transformation.
Par transposition, à toute moyenne M sur $\mathcal{CB}(K)$ correspond une mesure de probabilité $\check{C}(M)$ sur l'espace compact $\check{K}$ et une seule, définie par

$$< \check{C}(M) \text{ , } \check{C}(f) > = < M \text{ , } f >$$

pour toute $f \in \mathcal{CB}(K)$. On appellera <u>support</u> de la moyenne M le support de la mesure $\check{C}(M)$; c'est un ensemble fermé dans $\check{K}$.

Reprenant la situation et les notations du début du § 1, nous désignons, pour tout $n \in N$, par $\chi \longmapsto \sigma_\chi(n)$ la transformée de Čech de la fonction (évidemment continue bornée sur K) $k \longmapsto \sigma_k(n) = \sigma(k^{-1}nk)$. Notons Ω l'ensemble (fermé) des $\chi \in \check{K}$ tels que, pour tout $n \in N$, on ait $\sigma_\chi(n) = 1$. Par continuité sous le signe somme, on voit facilement que, si $\chi \in \Omega$, alors plus généralement, pour toute mesure de probabilité μ sur N, on a $\hat{\mu}(\sigma_\chi) = 1$.

PROPOSITION 1. Soit S une partie de K. Les trois assertions suivantes sont équivalentes :

i) La fermeture de S dans $\check{K}$ contient Ω;

ii) Toute fonction $f \in \mathcal{CB}(K)$ identiquement nulle sur S appartient à l'idéal fermé de $\mathcal{CB}(K)$ engendré par les fonctions $k \longmapsto 1 - \sigma_k(n)$, où n parcourt N ;

iii) Toute moyenne sur $\mathcal{CB}(K)$, à support dans Ω, est limite faible de combinaisons linéaires convexes de moyennes ponctuelles à support contenu dans S.

DEFINITION. Soit S une partie de K. On dira que S est σ-essentielle, si elle satisfait aux propriétés précèdentes.

Démonstration de la Proposition 1 : Notons $\bar{S}$ la fermeture de S dans $\check{K}$. Désignons par I_S (resp. I_Ω) l'idéal fermé de $\mathcal{CB}(K)$ formé des f telles que $\check{C}(f)$ soit identiquement nulle sur $\bar{S}$ (resp. Ω) . Soit I_σ l'idéal fermé de $\mathcal{CB}(K)$ engendré par les fonctions $k \longmapsto 1 - \sigma_k(n)$, où n parcourt N . Par définition, Ω est l'ensemble des zéros communs aux transformées de Čech de ces fonctions. Donc $I_\sigma = I_\Omega$, car, pour l'algèbre de toutes les fonctions continues sur un compact, tout fermé du spectre de Gelfand est un ensemble de synthèse. Pour qu'on ait i), il faut et il suffit que I_S soit contenu dans I_Ω, c'est-à-dire dans I_σ, donc qu'on ait ii). Montrons maintenant que i) équivaut à iii). Soit $\mathfrak{M}_S$ l'ensemble des moyennes sur $\mathcal{CB}(K)$ à support fini contenu dans S . En se ramenant à des mesures de probabilités sur $\check{K}$ grâce à la transformation $\check{C}$, on voit aussitôt (cf. N. Bourbaki, [4], Ch. III, p. 75) que l'adhérence de $\mathfrak{M}_S$ dans $\mathfrak{M}$ n'est autre que l'ensemble des moyennes à support dans $\bar{S}$. Par conséquent, cette adhérence contient toute mesure à support dans Ω , si et seulement si $\bar{S}$ contient Ω.

THEOREME 2. <u>Outre les assertions équivalentes</u> (F^σ) , (F_o^σ) , (P_1^σ) <u>et</u> (M^σ) <u>du théorème</u> 1, § 1, <u>considérons les propriétés suivantes</u> :

(M_o^σ) <u>Sur l'espace vectoriel</u> $\mathcal{CB}(K)$, <u>il existe une moyenne K-invariante</u> M <u>qui, pour toute partie</u> σ<u>-essentielle</u> S <u>de</u> K , <u>soit, dans</u> $[\mathcal{CB}(K)]'$, <u>limite faible de combinaisons linéaires convexes de moyennes ponctuelles à support contenu dans</u> S .

(PF^σ) [resp. PF_f^σ] . <u>Quel que soit le convexe compact</u> Q <u>d'un espace</u>

localement convexe séparé, si le groupe K opère affinement et continûment [resp. séparément continûment] dans Q , alors, quel que soit $b \in Q$, il existe dans Q un point fixe par K , qui, quelle que soit la partie σ-essentielle S de K , appartienne à l'enveloppe convexe fermée de l'ensemble des sb , où $s \in S$.

(RG^σ) [resp. (RG_f^σ)] Soit τ un morphisme d'un espace de Banach E dans un espace de Banach F , et soit $x \mapsto A_x$ une application fortement [resp. faiblement] continue de K dans $\mathcal{L}(E)$ telle que, pour $x \in G$, $y \in G$, $f \in E$, on ait :

$$A_{xy} = A_y A_x \quad ; \quad \| A_x f \| = \| f \| \quad ; \quad A_e = Id .$$

Notons J le sous-espace vectoriel de E engendré par les $A_x g - g$, où $x \in K$, $f \in E$. Pour tout $f \in E$, et pour toute partie σ-essentielle S de K , notons C_f^S l'enveloppe convexe fermée dans F des $\tau(A_x f)$, où $x \in S$.

Alors, chaque fois qu'on est dans les hypothèses qui viennent d'être dites, on a

$$\boxed{\operatorname{dist}_F(0 , C_f^S) \leq \operatorname{dist}_E(f , J)} \quad .$$

Ces définitions étant posées, le Théorème 2 énonce qu'on a les implications :

$$(F^\sigma) \Longleftrightarrow (F_o^\sigma) \Longleftrightarrow (P_1^\sigma) \Longleftrightarrow (M^\sigma) \Rightarrow (M_o^\sigma) \Rightarrow (PF_f^\sigma) \begin{array}{c} \nearrow (PF^\sigma) \searrow \\ \searrow (RG_f^\sigma) \nearrow \end{array} (RG^\sigma) \quad .$$

...

Remarque : Nous n'avons pas réussi, pour l'instant, à prouver que (RG^{σ}) implique (P_1^{σ}) , ce qui rendrait en fait toutes ces assertions équivalentes.

Ainsi, lorsqu'un groupe moyennable K peut être multiplié semi-directement avec un groupe N , et si l'on peut trouver une représentation σ de dimension un de N telle que $i_N \in \overline{\mathcal{O}_K(\sigma)}$, l'énoncé précèdent permet de préciser notablement, par des propriétés supplémentaires concernant les parties σ-essentielles de K , l'existence de moyennes invariantes sur $\mathcal{CB}(K)$, ainsi que le théorème du point fixe pour K , et de renforcer l'inégalité de Reiter-Glicksberg.

Les quatre premières équivalences ont été prouvées au théorème 1. Les implications $(PF_f^{\sigma}) \Rightarrow (PF^{\sigma})$ et $(RG_f^{\sigma}) \Rightarrow (RG^{\sigma})$ sont évidentes.

1°) Démonstration de : (M^{σ}) entraîne (M_o^{σ}) :

Soit α la mesure de probabilité sur $\check{K}$, transformée de Čech de la moyenne M fournie par l'hypothèse (M^{σ}). La formule (3) dans (M^{σ}) montre que, pour tout $n \in N$, la mesure $[1 - \sigma_{\chi}(n)]\, d\alpha(\chi)$ est nulle, et donc la fonction $\chi \mapsto 1 - \sigma_{\chi}(n)$ s'annule identiquement sur le support de la mesure α . Autrement dit, le support de la moyenne M est inclus dans Ω . Il suffit alors d'appliquer la définition des parties σ-essentielles de K , qui est donnée par le iii) de la Proposition 1.

2°) <u>Démonstration de</u> : (M_o^σ) <u>entraîne</u> (PF_f^σ) :

Soit Q un convexe compact non vide d'un localement convexe séparé L . Supposons que le groupe K opère affinement et séparément continûment dans Q . Soit $b \in Q$, et soit S une partie σ-essentielle de K . Pour tout $z' \in L'$, la fonction $s \mapsto \langle sb , z' \rangle$ appartient à $\mathcal{C}\mathcal{B}(K)$, comme on l'a vu à l'Exposé 1. Soit M la moyenne fournie par l'hypothèse (M_o^σ) . Conformément à l'Exposé 1, si a est défini par :

$$\text{pour tout } z' \in L' , \qquad \langle a,z' \rangle = \int_K \langle sb,z' \rangle \, dM(s) ,$$

ce point a appartient à Q et est fixe par l'action de K . Mais, de plus, en vertu de l'hypothèse (M_o^σ) , M est limite faible de moyennes du type $f \mapsto M_i(f) = \sum_p c_p^i \, f(s_p^i)$, où les c_p^i sont positifs et tels que $\sum_p c_p^i = 1$, et où les s_p^i appartiennent à S . Par suite, pour tout $z' \in L'$,

$$\langle a,z' \rangle = \lim_i \int_K \langle sb,z' \rangle \, dM_i(s) = \lim_i \langle \sum_p c_p^i \, s_p^i \, b,z' \rangle ;$$

autrement dit le point fixe a est faiblement adhérent dans L à l'ensemble convexe engendré par les sb , où $s \in S$, donc aussi fortement adhérent car cet ensemble est convexe (cf. N. Bourbaki [2] , Chap. IV, § 2, n° 3 , p. 67).

3°) <u>Démonstration de</u> : (PF^σ) <u>entraîne</u> (RG^σ) [resp. (PF_f^σ) <u>entraîne</u> (RG_f^σ)].

Plaçons-nous dans la situation et les notations de l'énoncé de la propriété (RG^{σ}) [resp. (RG_f^{σ})]. Soit $d = \mathrm{dist}_F(0, C_f^S)$. D'après le théorème de Hahn-Banach, il existe une forme linéaire continue ψ_o sur F , telle que $\|\psi_o\|_{F'} \leq 1$, et telle que, pour tout $s \in S$, on ait :

$\mathcal{R}e \langle \tau(A_s f), \psi_o \rangle \geq d$. Posons $\varphi_o = {}^t\tau(\psi_o)$, et soit Q l'ensemble convexe faibelement fermé de E' engendré par les $x\varphi_o$, où x parcourt K , et où, plus généralement, si $\varphi \in E'$ et si $x \in K$, on définit $x\varphi \in E'$ par la formule :

$$\langle g , x\varphi \rangle = \langle A_x g , \varphi \rangle \qquad (g \in E) .$$

Q est dans la boule-unité de E' , donc faiblement compact. Montrons que, si $\varphi \in Q$ et si $x \in K$, alors $x\varphi \in Q$. En effet, à x fixé, $\varphi \longmapsto x\varphi$ est un endomorphisme de E' continu pour les topologies faibles, et, d'autre part si Q_o est l'ensemble convexe engendré par les $y\varphi_o$, où y parcourt K , il est clair que Q_o est stable par cet endomorphisme, donc aussi son adhérence faible Q . De plus, il résulte immédiatement des hypothèses sur les A_x que, par $(x,\varphi) \longmapsto x\varphi$, le groupe K opère affinement et continûment [resp. séparément continûment] sur Q .

En vertu de l'hypothèse (PF^{σ}) [resp. (PF_f^{σ})], soit alors dans Q un point fixe θ , donc tel que $x\theta = \theta$ pour tout $x \in K$, et qui soit <u>plus précisément</u> dans l'enveloppe convexe fermée des $s\varphi_o$, où s parcourt S . En particulier $\|\theta\|_{E'} \leq 1$, et θ est orthogonale à J puisqu'elle est K-invariante.

Montrons, de plus, que $\mathcal{R}e \langle f , \theta \rangle \geq d$. En effet, par continuité, il suffit de vérifier la même inégalité où l'on remplace θ par une combinaison linéaire convexe $\sum_p c_p s_p \varphi_o$, où les s_p sont pris dans S . Mais alors :

$$\mathcal{R}e \langle f , \sum_p c_p s_p \varphi_o \rangle = \mathcal{R}e \langle \sum_p c_p A_{s_p} f , \varphi_o \rangle = \mathcal{R}e \langle \sum_p c_p \tau(A_p f), \psi_o \rangle$$

est $\geq d$ en vertu du choix de ψ_o .

Donc

$$\mathrm{dist}_E(f , J) = \inf_{g \in J} \|f - g\|_E \geq \inf_{g \in J} |\langle f - g , \theta \rangle| = |\langle f , \theta \rangle|$$

$$\geq \mathcal{R}e \langle f , \theta \rangle \geq d = \mathrm{dist}_F(0 , C_f^S) .$$

C.Q.F.D.

<u>Application</u>. Soit K un groupe, unimodulaire pour simplifier, et moyennable. Alors, d'après la formule de Reiter, pour toute $f \in L^1(K)$,

$$\left| \int_K f(k)\, dk \right| = \inf \left\| \sum_{n=1}^{p} c_n f * \varepsilon_{k_n} \right\|_{L^1(K)} ,$$

où l'infimum est étendu aux $c_n \geq 0$ tels que $\sum_n c_n = 1$, aux $k_n \in K$, et où p est variable. Supposons qu'on ait un produit semi-direct $G = KN$, où N est distingué, et une représentation σ unitaire continue de dimension 1 de N , telle que $i_N \in \overline{\mathcal{O}_K(\sigma)}$. Alors, d'après la propriété (RG^σ) , on trouve que, dans la formule de Reiter, on peut se contenter de calculer l'infimum en faisant varier les k_n dans une partie σ-essentielle de K , et non plus dans K tout entier.

Remarques : 1°) Dans les cas concrets, la détermination des parties σ-essentielles semble poser des problèmes non triviaux d'analyse classique, que l'auteur n'a pas encore eu le temps d'approfondir. Reprenons l'Exemple 2, cité à la fin du § 6 du groupe $x \mapsto ax + b$, où K s'identifie à $\mathbb{R}_+^*$. Soit I l'idéal de $\mathcal{CB}(\mathbb{R}_+^*)$ engendré par les fonctions $1 - e^{i\lambda x}$, où $\lambda \in \mathbb{R}$.

D'après le ii) de la Proposition 1, une partie fermée S de $\mathbb{R}_+^*$ est σ-essentielle si et seulement si toute fonction de $\mathcal{CB}(\mathbb{R}_+^*)$, qui est nulle identiquement sur S, appartient à I. Il est immédiat, d'après le théorème de Stone-Weierstrass, que, si S est le complémentaire d'une partie relativement compacte de $\mathbb{R}_+^*$, alors S est σ-essentielle. On pourrait penser à un résultat plus fort, disant que, pour tout $a > 0$, l'ensemble $]0,a]$ est σ-essentiel dans $\mathbb{R}_+^*$, mais il n'en est rien, comme le prouve le raisonnement suivant. Il faudrait alors que 1 soit limite uniforme sur $[2a,+\infty[$ de sommes finies de fonctions $(1 - e^{i\lambda x})\, g(x)$. Par conséquent il existerait $\lambda_1, \dots, \lambda_p \in \mathbb{R}$ et $g_1, \dots, g_p \in \mathcal{CB}(\mathbb{R}_+^*)$ tels que, pour tout $x \geq 2a$,

$$\sum_{k=1}^{p} \left| 1 - e^{i\lambda_k x} \right| |g_k(x)| \geq \frac{1}{2} .$$

Autrement dit, il existerait une constante $m = \dfrac{1}{2 \operatorname{Max}_k \|g_k\|_\infty} > 0$, et $\lambda_1, \dots, \lambda_p \in \mathbb{R}$ tels que, pour tout $x \geqslant 2a$,

$$\sum_{k=1}^{p} \left| 1 - e^{i\lambda_k x} \right| \geqslant m \ .$$

Mais ceci est absurde, car la fonction du premier membre est presque-périodique sur $\mathbb{R}$ et s'annule pour $x = 0$, donc prend des valeurs arbitrairement proches de 0 dans toute presque-période.

2°) Il est facile de voir que, si l'on est dans la situation du Théorème 2, i.e. si $i_N \in \overline{O_K(\sigma)}$, alors la partie Ω de $\check{K}$ définie au début du § 7 n'est pas vide.

Exposés n° 5 et 6. COMPLEMENTS DIVERS

§ 1. Sur l'écart entre une représentation unitaire et la représentation triviale

Nous exposons ici, en le complètant sur quelques points, un résultat obtenu par A. Derighetti dans [1] et [2] .

Soit G un groupe localement compact et dx une mesure de Haar à gauche sur G . Soit Σ l'ensemble des (classes de) représentations unitaires continues de G . Désignons par $\mathcal{Q}$ l'ensemble des parties compactes de G .

Si $\pi \in \Sigma$ est une représentation dans l'espace de Hilbert $\mathcal{H}_\pi$, posons :

$$d(\pi) = \sup_{K \in \mathcal{Q}} \ \inf_{\xi \in \mathcal{H}_\pi, |\xi|=1} \ \sup_{x \in K} \left| 1 - (\pi(x)\xi \mid \xi) \right| .$$

Remarquons que $0 \leq d(\pi) \leq 2$. D'autre part, par définition (cf. l'Exposé 3), $d(\pi) = 0$ si et seulement si la représentation triviale i_G de G est faiblement contenue dans π . Nous allons prouver le :

THEOREME : _Soit_ G _un groupe localement compact. Soit_ π _une représentation unitaire continue de_ G . _Alors on a l'alternative_ : $d(\pi) = 0$ _ou_ $d(\pi) \geq 1$.

On a d'abord le

LEMME 1. _Soit_ G _un groupe localement compact. Soit_ π _une représentation unitaire continue de_ G . _Alors, pour toute fonction_ f _continue à support compact sur_ G (notation : $f \in \mathcal{K}(G)$),

$$(1) \qquad \left| \int_G f(x)\, dx \right| \leq \|\pi(f)\| + d(\pi) \ \|f\|_1 \quad .$$

Soit, en effet, K le support de f , et soit $\varepsilon > 0$. Choisissons $\xi \in \mathcal{H}_\pi$ tel que $|\xi| = 1$ et tel que

$$\sup_{x \in K} \left| 1 - (\pi(x)\xi \mid \xi) \right| \leq d(\pi) + \varepsilon \quad .$$

Alors :

$$\left| \int_G f(x)\, dx \right| \leq \left| \int_G [1 - (\pi(x)\xi \mid \xi)]\, f(x)\, dx \right| + \left| \int_G (\pi(x)\xi \mid \xi)\, f(x)\, dx \right|$$

$$\leq \sup_{x \in K} \left| 1 - (\pi(x)\xi \mid \xi) \right| \int_G |f(x)|\, dx + \left| (\pi(f)\xi \mid \xi) \right|$$

$$\leq \|\pi(f)\| + (d(\pi) + \varepsilon)\, \|f\|_1 \quad ,$$

ce qui, $\varepsilon > 0$ étant arbitraire, démontre le Lemme 1.

LEMME 2. _Soit_ G _un groupe localement compact_. _Soit_ π _une représentation unitaire continue de_ G . _Supposons_ $d(\pi) < 1$. _Alors_, _pour toute_ $f \in \mathcal{K}(G)$,

$$(2) \qquad \left| \int_G f(x)\, dx \right| \leq \frac{1}{2} \left(\|\pi(f)\| + \|\pi(\bar{f})\| \right) \quad ,$$

_où_ $\bar{f}$ _désigne la fonction complexe conjuguée de_ f .

Démonstration. Supposons d'abord f _positive_. Alors, d'après le Lemme 1,

$$[1 - d(\pi)] \int_G f(x)\, dx \leq \|\pi(f)\| \quad ,$$

donc, en remplaçant f par $f^{(*n)}$, et faisant tendre n vers $+\infty$,

$$\int_G f(x)\, dx \leq \|\pi(f)\| ,$$

et, plus précisément,

$$\int_G f(x)\,dx = \|\pi(f)\| .$$

Si maintenant f est <u>réelle</u>, on pose $f = f^+ - f^-$, où f^+ et f^- sont continues à support compact positives. Alors :

$$\left|\int_G f(x)\,dx\right| = \left|\int_G f^+(x)\,dx - \int_G f^-(x)\,dx\right| = \left|\|\pi(f^+)\| - \|\pi(f^-)\|\right|$$

$$\leq \|\pi(f^+) - \pi(f^-)\| = \|\pi(f)\| ,$$

ce qui prouve (2) dans ce cas.

Soit maintenant f <u>quelconque</u>. Dans l'espace vectoriel $\mathcal{K}(G)$, semi-normé par

$$N(g) = \frac{1}{2} (\|\pi(g)\| + \|\pi(\bar{g})\| ,$$

considérons la forme linéaire <u>réelle</u> $\varphi(g) = \int_G \mathcal{R}e\, g(x)\,dx$. Cette forme est de norme ≤ 1 , car

$$|\varphi(g)| = \left|\int_G \mathcal{R}e\, g\right| \leq \|\pi(\mathcal{R}e\, g)\| = \|\pi(\frac{g+\bar{g}}{2})\| \leq N(g) .$$

Par suite la forme linéaire <u>complexe</u> ψ, complexifiée de φ , définie par

$$\psi(g) = \varphi(g) - i\varphi(ig)$$

et <u>aussi</u> de norme ≤ 1 . Or

$$\psi(f) = \int_G \mathcal{R}e\, f - i \int_G \mathcal{R}e(if) = \int_G f ,$$

donc $\left|\int_G f(x)\,dx\right| \leq N(f)$, ce qui prouve (2).

Démonstration du théorème. Compte-tenu des Lemmes 1 et 2, on peut démontrer très simplement, comme me l'a communiqué H. Leptin, le théorème de Derighetti cité plus haut. Voici l'argument de Leptin.

Supposons $d(\pi) < 1$. Il faut voir qu'alors $d(\pi) = 0$. Soit $f \in \mathcal{K}(G)$. En appliquant l'inégalité (2) du Lemme 2, on a :

$$\left|\int_G f(x)\,dx\right|^2 = \left|\int_G f * \bar{f}(x)\,dx\right| \leq \frac{1}{2}\left(\|\pi(f * \bar{f})\| + \|\pi(\overline{f * \bar{f}})\|\right)$$

$$\leq \|\pi(f)\| \;\|\pi(\bar{f})\| ,$$

car $\overline{f * \bar{f}} = \bar{f} * f$. Or $\pi(\bar{f}) = \bar{\pi}(f)$, où l'on désigne par $\bar{\pi}$ la représentation de l'algèbre de Banach involutive $L^1(G)$, qui est conjuguée de π . Cette représentation $\bar{\pi}$ est associée à celle de G , qui est définie dans l'espace de Hilbert conjugué de $\mathcal{H}_\pi$ (mêmes vecteurs que $\mathcal{H}_\pi$, mais la multiplication par λ est remplacée par la multiplication par $\bar{\lambda}$, et le produit scalaire est changé en son conjugué) par les mêmes opérateurs $\pi(x)$.

Soit $\|f\|_\Sigma = \sup_{\omega \in \Sigma} \|\omega(f)\|$ la norme de f dans $C^*(G)$. On a

$$\|\pi(\bar{f})\| = \|\bar{\pi}(f)\| \leq \|f\|_\Sigma$$

et, par suite,

$$\left|i_G(f)\right|^2 \leq \|\pi(f)\| \;\|f\|_\Sigma$$

pour toute $f \in \mathcal{K}(G)$. Les deux membres de cette inégalité sont continus en f sur $\mathcal{K}(G)$ muni de la norme $\|.\|_{\Sigma}$, donc, on a, en prolongeant par continuité :

$$|i_G(T)|^2 \leq \|\pi(T)\| \quad \|T\|_{\Sigma}$$

pour toute $T \in C^*(G)$, d'où suit que le noyeau de π dans $C^*(G)$ est contenu dans le noyau de i_G dans $C^*(G)$, donc que i_G est faiblement contenue dans π (cf. Fell [1]), c'est-à-dire que $d(\pi) = 0$.

Dans le cas des représentations quasi-régulières, on peut être encore plus précis :

PROPOSITION 1. Soit G un groupe localement compact, et soit H un sous-groupe fermé de G . Soit π la représentation quasi-régulière de G dans $L^2(G/H, \lambda)$. Alors, on a l'alternative :

- ou bien G/H est moyennable, et dans ce cas $d(\pi) = 0$;
- ou bien G/H n'est pas moyennable, et dans ce cas $d(\pi) = 1$.

En effet, depuis l'Exposé 2, nous savons que $d(\pi) = 0$ est un critère de G-moyennabilité de l'espace homogène G/H . Si $d(\pi) \neq 0$, on a $d(\pi) \geq 1$ d'après le Théorème. Il nous suffit donc de voir que, si π est une représentation quasi-régulière, nécessairement $d(\pi) \leq 1$. Dans le calcul de $d(\pi)$. choisissons des fonctions $\xi \in L^2(G/H, \lambda)$, non seulement de norme un, mais positives. Alors, pour tout $x \in G$,

$$0 \leq (\pi(x)\xi \mid \xi) \leq 1$$

donc

$$\inf_{|\xi|=1} \sup_{x \in K} |1 - (\pi(x)\xi|\xi)| \leq 1$$

pour tout compact K de G , et par suite $d(\pi) \leq 1$.

REMARQUES : 1°) Il ne faut pas croire que : $d(\pi) \leq 1$ pour toute $\pi \in \Sigma$. Par exemple, si G est abélien et si π est irréductible (donc un caractère) non triviale, on a : $d(\pi) \geq \sqrt{3}$.

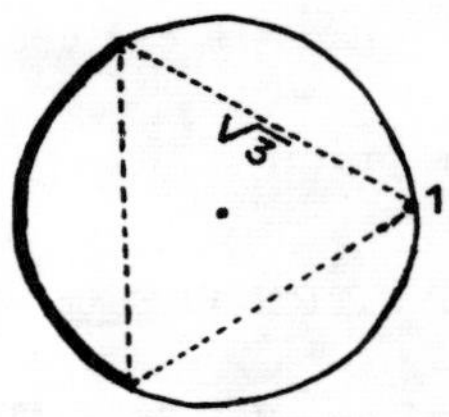

En effet, si $x \in G$ est tel que $\pi(x) \neq 1$, alors, pour un entier $p > 0$ au moins, le nombre $\pi(x^p) = \pi(x)^p$ appartiendra à la partie en traits forts du cercle trigonométrique.

2°) D'autre part, si G est le cercle, et, pour k entier $\neq 0$, si π_k désigne le caractère $e^{i\theta} \longmapsto e^{ik\theta}$, on a : $d(\pi_k) = \sup_\theta |1 - e^{ik\theta}| = 2$.

3°) Supposons G compact, et soit π une représentation unitaire irréductible de G , de dimension $n(\pi)$. Alors, si $\pi \neq i_G$, on a :

$$d(\pi) \geq \sqrt{1 + \frac{1}{n(\pi)}} .$$

En effet, dans ce cas, pour tout vecteur $\xi \in \mathcal{H}_\pi$, de longueur 1, le coefficient $(\pi(x)\xi|\xi)$ intervient dans les relations d'orthogonalité, donc

$$\int_G |(\pi(x)\xi|\xi) - 1|^2 \, dx = \int_G |(\pi(x)\xi|\xi)|^2 \, dx + 1 - 2\,\mathcal{R}e \int_G (\pi(x)\xi|\xi) dx$$

$$= \frac{1}{n(\pi)} + 1 + 0 \text{ , par suite :}$$

$$[d(\pi)]^2 = \inf_{|\xi|=1} \sup_{x\in G} |(\pi(x)\xi|\xi) - 1|^2 \geqslant \inf_{|\xi|=1} \int_G |(\pi(x)\xi|\xi) - 1|^2 \, dx$$

$$= \frac{1}{n(\pi)} + 1 .$$

Terminons l'exposé de cette question par un résultat apparenté au théorème de Derighetti, mais ici il s'agit de convergence uniforme sur G (plutôt que sur tout compact de G), et de représentations ne contenant pas au sens fort i_G (plutôt qu'au sens de Fell).

PROPOSITION 2. Soit G un groupe localement compact. Soit φ une fonction continue de type positif sur G telle que la représentation unitaire π associée à φ ne contienne pas (au sens fort, c'est-à-dire aucun vecteur non nul $\xi \in \mathcal{H}_\pi$ n'est stable par tous les $\pi(x)$, $x \in G$) la représentation i_G .
Alors :

$$\|1 - \varphi\|_\infty = \sup_{x\in G} |1 - \varphi(x)| \geqslant 1 .$$

Démonstration. Nous nous référons au mémoire de R. Godement [1] . Aux pages 21-22, il réalise π comme suit. Soit V_φ l'espace vectoriel des combinaisons linéaires de translatées à gauche de φ . Si $\psi_1 = \sum c_i \, {}_{s_i}\varphi$ et

$\psi_2 = \sum d_j \, {}_{t_j}\varphi$ sont dans V_φ , on pose :

$$(\psi_1 | \psi_2) = \sum c_i \, \bar{d}_j \, \varphi(s_i^{-1} t_j) \quad .$$

La représentation π opère dans l'espace de Hilbert $\mathcal{H}_\varphi$ complété de V_φ , par la formule

$$\pi(x) = {}_x\psi \quad , \text{ si } \psi \in V_\varphi \quad .$$

De plus, à cause de l'inégalité

$$\|\psi\|_\infty \leq \varphi(e)^{1/2} \, (\psi | \psi)^{1/2} \quad ,$$

$\mathcal{H}_\varphi$ se réalise comme une partie H_φ de $\mathcal{C}\mathcal{B}(G)$ et, toujours à cause de cette inégalité, si des ψ_n tendent vers ψ au sens hilbertien dans H_φ , alors les ψ_n tendent vers ψ uniformément sur G . Or, par hypothèse, dans $\mathcal{H}_\varphi$ aucun vecteur $\xi \neq 0$ n'est stable par $\pi(G)$, d'où résulte, par orthogonalité, que l'espace hilbertien $\mathcal{H}_\varphi$ est engendré par les $\pi(x)\,\psi - \psi$, où ψ parcourt V_φ et x parcourt G . En particulier, on voit que :

(3) φ est limite uniforme sur G de fonctions de la forme $\pi(x)\,\psi - \psi$, où $\psi \in V_\varphi$, $x \in G$.

Mais, d'autre part, Godement (p. 59-61) définit, sur l'espace $B(G)$ des combinaisons linéaires de fonctions continues de type positif sur G , une

<u>moyenne</u> $\theta \mapsto M(\theta)$. Si $\theta \in B(G)$, $M(\theta)$ est l'unique constante appartenant à l'enveloppe convexe uniformément fermée dans $\mathcal{C}\mathcal{B}(G)$ des translatées à gauche de θ . La moyenne M est <u>invariante</u> par translations. C'est une forme linéaire de norme 1 , et $M(1) = 1$. Or, d'après (3), $M(\varphi) = 0$, donc

$$1 = | M(1 - \varphi) | \leq \| 1 - \varphi \|_{\infty} .$$

REMARQUE. Si ρ est la représentation quasi-régulière gauche de G , un phénomène de dichotomie, analogue à : $d(\rho) = 0$ ou $d(\rho) = 1$, apparaît pour l'invariant $I(G)$ introduit par H. Leptin dans [1] et [2].

§ 2. Une généralisation de la propriété (P_1) de H. Reiter

Soit G un groupe localement compact, et soit dx une mesure de Haar à gauche sur G . A l'exposé 2, nous avons vu que l'existence d'une moyenne invariante sur $L^{\infty}(G)$, dual de $L^1(G)$ pour la norme $\|.\|_1$, équivaut à la propriété de Reiter :

$$(P_1) \qquad \sup_{K \in \mathcal{C}} \quad \inf_{\substack{f \geqslant 0 \\ \|f\|_1 = 1}} \quad \sup_{x \in K} \quad \|{}_s f - f\|_1 = 0 \quad .$$

Plus généralement, supposons maintenant $L^1(G)$ muni d'une semi-norme $f \longmapsto N(f) \leq \|f\|_1$. Soit E le sous-espace vectoriel de $L^{\infty}(G)$ formé des formes linéaires sur $L^1(G)$, qui sont continues pour la semi-norme N . Sous des hypothèses très simples, nous allons par des moyens analogues à ceux de l'Exposé 2, montrer qu'il existe sur E une moyenne G-invariante, si et seulement si :

$$\sup_{K \in \mathcal{C}} \quad \inf_{f \geqslant 0,\ \|f\|_1 = 1} \quad \sup_{x \in K} \quad N({}_s f - f) = 0 \quad .$$

De façon précise :

THEOREME. <u>Soit</u> G <u>un groupe localement compact</u>. <u>Soit</u> $f \longmapsto N(f)$ <u>une semi-norme sur</u> $L^1(G)$ <u>telle que</u>, <u>pour toute</u> $f \in L^1(G)$ <u>et tout</u> $s \in G$, <u>on ait</u> :

$$\begin{cases} 1^\circ) \ \left| \int_G f(x)\, dx \right| \leqslant N(f) \leq \|f\|_1 \quad . \\ 2^\circ) \ N(\bar{f}) = N(f) = N({}_s f) = N(f * \varepsilon_s) \quad . \end{cases}$$

Soit E le sous-espace vectoriel de $L^{\infty}(G)$ formé des $\varphi \in L^{\infty}(G)$ telles que : $\|\varphi\|_E = \sup_{N(f) \leq 1} \left| \int f(x)\, \varphi(x)\, dx \right| < +\infty$. (Il est clair, d'après 1°) et 2°) , que $1 \in E$, et que $\varphi \in E$ entraîne $\overline{\varphi} \in E$ et ${}_s\varphi \in E$).

Alors, pour qu'il existe sur E une moyenne M qui soit G-invariante [i.e. telle que $\varphi \in E$, $s \in G$ entraînent que $M({}_s\varphi) = M(\varphi)$] , il faut (resp. il suffit) que, pour toute partie compacte (resp. finie) K de G , et pour tout $\varepsilon > 0$, il existe $f \in L^1(G)$ positive et d'intégrale un, telle que, pour tout $s \in K$,

$$N({}_sf - f) \leq \varepsilon \quad .$$

Démonstration. Les raisonnements étant très voisins de ceux de l'Exposé n° 2, nous condensons leur rédaction.

1°) La condition est suffisante. Soit Λ l'ensemble ordonné filtrant des couples (Q, ε) , où Q est une partie finie de G , et $\varepsilon > 0$. Soit $\mathcal{M}$ l'ensemble faiblement compact des moyennes sur E . Toute $f \in L^1(G)$, positive et d'intégrale un, définit sur E une telle moyenne μ_f par la formule :

$$\varphi \longmapsto \mu_f(\varphi) = \int_G f(x)\, \varphi(x)\, dx \quad .$$

Pour tout $\lambda = (K, \varepsilon) \in \Lambda$, il existe, par hypothèse, une moyenne $m_\lambda \in \mathcal{M}$ (du type μ_f) , telle que :

(1) pour toute $\varphi \in E$, tout $s \in K$,

$$\left| \int_G f(x) \quad [{}_s\varphi - \varphi] (x) \, dx \right| \leq \|\varphi\|_E \, N({}_sf - f) \leq \varepsilon \quad \|\varphi\|_E \quad .$$

Soit m une valeur d'adhérence dans le compact $\mathcal{M}$, selon le filtre Λ , de l'application $\lambda \longmapsto m_\lambda$ ainsi définie. Il est clair que (1) donne a la limite :

pour toute $\varphi \in E$, tout $s \in K$, on a : $m({}_s\varphi) = m(\varphi)$.

Donc la moyenne m sur E est G-invariante.

2°) La condition est <u>nécessaire</u>. Soit Φ l'ensemble des opérateurs dans $L^1(G)$ de la forme

$$f \longmapsto T(f) = \sum_{\text{finie}} c_p \, f * \varepsilon_p \quad ,$$

où $x_p \in G$, $c_p \geq 0$, $\sum c_p = 1$. Il est clair que, pour tout $T \in \Phi$, toute $f \in L^1(G)$, tout $s \in G$, on a :

$N(Tf) \leq N(f)$; $T({}_sf) = {}_s(T(f))$; $f \geq 0$ entraîne $\|Tf\|_1 = \|f\|_1$.

De façon analogue au théorème de Reiter-Glicksberg (cf. l'Exposé 2), on prouve d'abord le

LEMME. <u>Supposons qu'il existe sur</u> E <u>une moyenne</u> M <u>qui soit G-invariante.</u> <u>Soient</u> $f_1,\ldots,f_p$ <u>des fonctions dans</u> $L^1(G)$ <u>telle que</u>, <u>pour tout</u> $j = 1,2,\ldots,p$, <u>on ait</u> $\int_G f_j(x)\,dx = 0$. <u>Soit</u> $\varepsilon > 0$. <u>Alors il existe</u> $T \in \Phi$ <u>tel que</u>,

<u>pour tout</u> $j = 1, 2, \dots, p$, <u>on ait</u> : $N(Tf_j) \leq \varepsilon$.

a) Par récurrence sur p , on se ramène, pour démontrer le lemme, au cas $p = 1$. En effet, supposons le lemme démontré pour $f_1, \dots, f_{p-1}$. Soit donc $T_1 \in \Phi$ tel que, pour tout $j = 1, \dots, p-1$, on ait $N(T_1 f_j) \leq \varepsilon$. Appliquant le lemme, supposé démontré pour $p = 1$, à la fonction $T_1 f_p$, qui est d'intégrale nulle, nous obtenons $T_2 \in \Phi$ tel que $N(T_2 T_1 f_p) \leq \varepsilon$. En posant $T = T_2 T_1$, nous satisfaisons au Lemme pour $f_1, \dots, f_p$.

b) Prouvons le lemme dans le cas d'une seule fonction f_1 , d'intégrale nulle. Par l'absurde, supposons $d = \inf_{T \in \Phi} N(Tf_1) > 0$. Puisque l'ensemble C des Tf_1 , où $T \in \Phi$, est convexe, il existerait, d'après le théorème de Hahn-Banach, une fonction $\varphi_1 \in E$ telle que $\|\varphi_1\|_E = 1$, et telle que,

(2) pour toute $h \in C$, $\quad \mathcal{R}e(h, \varphi_1) \geq d$.

Or, si $g \in L^1(G)$, la fonction

$$x \longmapsto (g * \varepsilon_x , \varphi_1)$$

appartient à E , car elle est continue et, pour toute $f \in L^1(G)$,

$$\left|\int_G f(x)\,(g * \varepsilon_x , \varphi_1)\,dx\right| = \left|\int_G f(x)\,dx \int_G g(y)\,\varphi_1(yx)\,dy\right|$$

$$= \left|\int_G g(y)\,dy \int_G f(x)\,\varphi_1(yx)\,dx\right| \leq \|g\|_1 \, \|\varphi_1\|_E \, N(f) ,$$

puisque, en vertu de l'hypothèse 2°), $\|{}_y\varphi_1\|_E = \|\varphi_1\|_E$.

A cette fonction, appliquons la moyenne M . On définit ainsi une forme linéaire continue sur $(L^1(G), \|.\|_1)$, autrement dit une fonction $\psi \in L^\infty(G)$ telle que :

pour toute $g \in L^1(G)$, $(g, \psi) = M_x (g * \varepsilon_x, \varphi_1)$.

Or remarquons que, en vertu de (2), on a : $\mathcal{R}e\,(f_1, \psi) \geqslant d$.

D'autre part, ψ est constante presque partout sur G , car, pour toute $g \in L^1(G)$ et tout $a \in G$, on a, vu la G-invariance de M :

$$(g * \varepsilon_a, \psi) = M_x (g * \varepsilon_{ax}, \varphi_1) = M_x(g * \varepsilon_x, \varphi_1) = (g, \psi) .$$

Il y a contradiction, car, pour cette constante ψ, on aurait :

$$\mathcal{R}e\ \psi \int_G f_1(x)\, dx \geqslant d > 0$$

alors que, par hypothèse, $\int_G f_1(x)\, dx = 0$.

c) Le lemme étant ainsi prouvé, on achève la démonstration du Théorème, en décalquant celle du § 7 de l'Exposé 2. Soit K une partie compacte de G , et soit $\varepsilon > 0$. Partons d'une fonction $g \in L^1(G)$, positive et d'intégrale un, par ailleurs quelconque. Soit U un voisinage de e dans G tel que, pour tout $y \in U$,

$$N({}_y g - g) \leq \|{}_y g - g\|_1 \leq \varepsilon/2 .$$

Soient $a_1, \ldots, a_p \in G$ tel que $K \subset a_1 U \cup \ldots \cup a_p U$. Posons :

$$f_j = {}_{a_j}g - g \qquad (j = 1, \dots, p) .$$

Alors les $\int_G f_j(x)$ sont nulles. D'après le lemme, soit $T \in \Phi$ tel que, pour tout $j = 1, \dots, p$, on ait $N(Tf_j) \leq \varepsilon/2$.

Posons $f = Tg$. Alors f est positive et d'intégrale un. De plus, si $s = a_j y \in K$, on a :

$$_sf - f = {}_{a_j y}f - f = {}_{a_j}\left[{}_yf - f\right] + {}_{a_j}f - f =$$

$$= {}_{a_j}\left[{}_y(Tg) - Tg\right] + {}_{a_j}(Tg) - Tg = {}_{a_j}\left[T({}_yg - g)\right] + T({}_{a_j}g - g)$$

$$= {}_{a_j}\left[T({}_yg - g)\right] + T(f_j) ,$$

donc $N({}_sf - f) \leq \varepsilon/2 + \varepsilon/2 = \varepsilon$.

REMARQUE. g étant choisie <u>arbitrairement</u>, positive et d'intégrale un, on a même prouvé que, pour tout couple (K, ε), on peut satisfaire à la condition du Théorème à l'aide d'une fonction f qui soit une combinaison linéaire convexe de $g * \varepsilon_x$, $x \in G$.

EXEMPLE. Soit G un groupe localement compact <u>quelconque</u>. Si Σ est l'ensemble de <u>toutes</u> les (classes de) représentations unitaires continues de G, considérons sur $L^1(G)$ la norme "spectrale"

$$\| f \|_{\Sigma} = \sup_{\pi \in \Sigma} \| \pi(f) \| .$$

En posant $N(f) = \|f\|_{\Sigma}$, les hypothèses du théorème sont satisfaites.

Or, dans ce cas, le dual E de $(L^1(G), \|.\|_{\Sigma})$ n'est autre que l'espace vectoriel B(G) des combinaisons linéaires de fonctions continues de type positif sur G , et sur B(G) il existe la moyenne de Godement ([1], p. 59-51), qui est G-invariante. Par suite, pour tout groupe localement compact, on a :

$$\sup_{K \in \mathcal{C}} \ \inf_{\substack{f \geq 0 \\ \|f\|_1 = 1}} \ \sup_{s \in K} \ \|{}_s f - f\|_{\Sigma} = 0 \ ,$$

alors que (cf. Exposé 2) la même formule, où l'on remplace $\|.\|_{\Sigma}$ par $\|.\|_1$, n'est vraie que si et seulement si le groupe G est moyennable.

Cet exemple, dû à A. Derighetti, m'a servi de point de départ pour la généralisation énoncée au Théorème du présent paragraphe.

§ 3. La propriété de Wiener pour certains produits semi-directs

Soit G un groupe localement compact. Disons que G a <u>la propriété de Wiener</u> (W) , si, pour tout idéal bilatère fermé propre I de $L^1(G)$, il existe une représentation unitaire continue π de G telle que, pour toute $f \in I$, on ait $\pi(f) = 0$; si c'est le cas, on peut même choisir π irréductible.

C'est vrai si G est abélien (théorème taubérien de Wiener). Mais, si $G = SL(2, \mathbb{R})$, Ehrenpreis et Mautner prouvent dans [1] , Theorem 7.2., p. 460, que G n'a pas la propriété de Wiener. Dans [1] , Hulanicki établit la propriété (W) -et même la symétrie de l'algèbre $L^1(G)$- quand G est un groupe discret nilpotent quelconque ; d'autre part, Leptin [3] a montré que les groupes de Lie connexes nilpotents de classe 2 ont aussi la propriété de Wiener. Enfin, P. Müller-Römer [1] a réussi à démontrer (W) pour le groupe de Lie (résoluble) des transformations linéaires affines $x \mapsto ax + b$ de la droite ($a > 0$; $b \in \mathbb{R}$) . Depuis, Müller-Römer a généralisé et simplifié sa démonstration, de sorte qu'il obtient la propriété de Wiener pour une classe de produits semi-directs G soumis à une hypothèse qui, dans le cas linéaire, est vérifiée par exemple si G contient les homothéties. Nous présentons ici une généralisation analogue sous des hypothèses un peu plus particulières, qui permettent de dégager quelques lemmes intéressants par eux-mêmes.

Soit un groupe localement compact $G = NK$, produit semi-direct de deux sous-groupes fermés N et K , où N est distingué.

Soient dn (resp. dk) une mesure de Haar à gauche sur N (resp. K).

Soit δ l'homomorphisme de K dans $\mathbb{R}_+^*$ tel que

$$\int_N f(knk^{-1})\, dn = \delta(k) \int_N f(n)\, dn \quad .$$

Une mesure de Haar à gauche sur G est alors :

$$\int_G f(g)\, dg = \int_N \int_K f(nk)\, \delta(k)\, dn\, dk \quad .$$

Adoptons les <u>notations</u> suivantes (où Δ_K est le module du groupe K) :

si $f \in L^1(N)$ et si $k \in K$, on pose $f_{[k]}(n) = f(knk^{-1})\ \delta(k^{-1})$, où $n \in N$;

si $f \in L^1(K)$ et si $k \in K$, on pose $f_{(k)}(v) = f(kvk^{-1})\ \Delta_K(k^{-1})$, où $v \in K$;

si $f \in L^1(G)$ et si $k \in K$, on pose $f_{\{k\}}(x) = f(kxk^{-1})\ \delta(k^{-1})\ \Delta_K(k^{-1})$, où $x \in G$.

Dans chacun des trois cas, l'intégrale de f sur le groupe correspondant n'a pas changé par la transformation ainsi définie, qui, en particulier, est une isométrie de L^1 . De plus, on voit facilement que, si g est une fonction sur N , et h une fonction sur K , on a, pour tout $k \in K$,

$$[g \otimes h]_{\{k\}} = g_{[k]} \otimes h_{(k)} \quad .$$

Envisageons maintenant <u>l'hypothèse</u> :

(H) <u>Pour tout compact</u> Q <u>de</u> N , <u>pour tout voisinage</u> U <u>de</u> 1 <u>dans</u> N ,

<u>il existe</u> $k \in K$ <u>tel que</u> $k\,Q\,k^{-1}$ <u>soit contenu dans</u> U .

D'autre part, on vérifierait facilement qu'on a toujours la propriété suivante :

(P) Pour tout compact A de K , pour tout voisinage U de 1 dans N , l'ensemble $\bigcap_{a \in A} a\,U\,a^{-1}$ est un voisinage de 1 dans N .

Si on a (H) , sur l'ensemble K la famille des parties

$$S_{Q,U} = \{k \mid k\,Q\,k^{-1} \subset U\} ,$$

où Q parcourt l'ensemble des compacts de N, et U l'ensemble des voisinages de 1 dans N , est la base d'un <u>filtre</u> sur K , que nous notons $\mathfrak{F}$: en effet, ces parties sont non vides d'après (H_1), et, de plus,

$$S_{Q_1,U_1} \cap S_{Q_2,U_2} \supset S_{Q_1 \cup Q_2, U_1 \cap U_2} .$$

LEMME 1. <u>Supposons</u> (H) . <u>Soit</u> f <u>une fonction continue à support compact sur</u> N ; <u>soit</u> $g \in L^1(N)$; <u>soit</u> A <u>un compact contenu dans</u> K . <u>Alors l'application</u> :

$$k \longmapsto f_{[ka]} * g - \left(\int_N f\,dn\right) g$$

<u>de</u> K <u>dans l'espace de Banach</u> $L^1(N)$ <u>tend vers zéro</u>, <u>uniformément en</u> $a \in A$, <u>selon le filtre</u> $\mathfrak{F}$.

<u>Démonstration</u> : On peut supposer $f \neq 0$. Soit $y \in N$. On a, pour $k \in K$,

$$f_{[k]} * g(y) - (\int_N f\, dn)\, g(y) = f_{[k]} * g(y) - (\int_N f_{[k]}\, dn)\, g(y)$$

$$= \int_N f_{[k]}(n)\, [g(n^{-1}y) - g(y)]\, dn \quad ,$$

donc :

$$\| f_{[k]} * g - (\int_N f\, dn) g \|_1 \leq \int_N |f_{[k]}(n)| \int_N |g(n^{-1}y) - g(y)| dy\, dn$$

$$= \delta(k^{-1}) \int_N |f(knk^{-1})| \int_N |g(n^{-1}y) - g(y)|\, dy\, dn =$$

$$= \int_N |f(n)| \int_N |g(k^{-1}n^{-1}ky) - g(y)|\, dy\, dn \quad .$$

Remplaçant k par ka , il vient :

$$\| f_{[ka]} * g - (\int_N f\, dn)\, g \|_1 \leq \int_N |f(n)| \int_N |g(a^{-1}k^{-1}n^{-1}ka.y) - g(y)|\, dy\, dn \; .$$

Soit $\varepsilon > 0$. Il existe un voisinage U de 1 dans N tel que, pour tout $z \in U$, on ait :

$$\int_N |g(zy) - g(y)|\, dy \leq \frac{\varepsilon}{\|f\|_1} \quad .$$

D'après (H) et (P) , soit $S \in \mathfrak{F}$ définie par

$$S = \{ k \mid k^{-1} \; (\mathrm{supp}.f)^{-1} \; k \subset \bigcap_{a \in A} a\, U\, a^{-1} \} \quad .$$

Alors, pour tous $k \in S$, $a \in A$, $n \in \mathrm{supp}.f$, le point $a^{-1}k^{-1}n^{-1}ka$ est dans U , donc, quel que soit $k \in S$, on a, pour tout $a \in A$,

$$\| f_{[ka]} * g - \left(\int_N f \, dn \right) g \|_1 \leq \frac{\varepsilon}{\|f\|_1} \|f\|_1 = \varepsilon .$$

LEMME 2. Soient p et a des fonctions continues à support compact sur K ; soient q et b des fonctions continues à support compact sur N. Posons $f = q \otimes p$ et $\varphi = b \otimes a$. Alors, pour $k \in K$, $y \in N$, $x \in K$, on a la formule :

$$\left[f_{\{k\}} \underset{G}{*} \varphi \right](yx) = \int_K p_{(k)}(u)\, a(u^{-1}x) \left(q_{[ku]} \underset{N}{*} b \right)_{[u^{-1}]}(y) \, du .$$

Démonstration :

$$f_{\{k\}} \underset{G}{*} \varphi(yx) = \left[\left(q_{[k]} \otimes p_{(k)} \right) * (a \otimes b) \right] (yx)$$

$$= \int_G \left[q_{[k]} \otimes p_{[k]} (g) \right] . \; b \otimes a \, (g^{-1}yx) \, dg$$

$$= \int_N \int_K q_{[k]}(v)\, p_{(k)}(u) \left[b \otimes a \, (u^{-1}v^{-1}yx) \right] \delta(u) \, dv \, du$$

$$= \int_N \int_K q_{[k]}(v)\, p_{(k)}(u)\, b(u^{-1}v^{-1}yu)\, a(u^{-1}x)\, \delta(u) \, dv \, du$$

$$= \int_K p_{(k)}(u)\, a(u^{-1}x) \, du \int_N \delta(u)\, q_{[k]}(v)\, b(u^{-1}.v^{-1}y.u) \, dv$$

$$= \int_K p_{(k)}(u)\, a(u^{-1}x) \, du \int_N \delta(u)\, q_{[k]}(yw)\, \check{b}(u^{-1}.w.u) \, dw$$

$$= \int_K p_{(k)}(u)\, a(u^{-1}x) \, du \int_N q_{[k]}(yuwu^{-1})\, \check{b}(w) \, dw$$

$$= \int_K p_{(k)}(u)\, a(u^{-1}x) \, du \int_N \delta(k^{-1})\, q(ku.u^{-1}yuw.u^{-1}k^{-1})\, b(w^{-1}) \, dw$$

$$= \int_K p_{(k)}(u)\ a(u^{-1}x)\ du \int_N \delta(u)\ q_{[ku]}(u^{-1}yu.w)\ b(w^{-1})\ dw$$

$$= \int_K p_{(k)}(u)\ a(u^{-1}x)\ \delta(u)\ .\left[q_{[ku]} \underset{N}{*} b\right](u^{-1}yu)\ du$$

$$= \int_K p_{(k)}(u)\ a(u^{-1}x) \left(q_{[ku]} \underset{N}{*} b\right)_{[u^{-1}]}(y)\ du\ .$$

LEMME 3. Supposons (H) . Supposons de plus que le groupe K est abélien. Soit J le noyau de l'homomorphisme canonique de $L^1(G)$ sur $L^1(G/N)$. Soient $f \in J$ et $\varphi \in L^1(G)$. Alors :

$$\lim_{\mathfrak{F}} \|f_{\{k\}} * \varphi\|_{L^1(G)} = 0\ .$$

Démonstration.

Il est facile de voir que les fonctions $g \otimes h$, où g est continue à support compact sur N et h continue à support compact sur K , forment un ensemble total dans le Banach $L^1(G)$. De même, les fonctions de ce type telles que, de plus, $\int_N g\ dn = 0$, forment un ensemble total dans J : on s'en convainc facilement en considérant que J est le sous-espace vectoriel fermé de $L^1(G)$ engendré par les fonctions ${}_nf - f$, où $f \in L^1(G)$, $n \in N$, puis en approximant f par des combinaisons linéaires de produits tensoriels.

On est ainsi ramené a prouver le lemme pour $f = q \otimes p$ et $\varphi = b \otimes a$, où q et b sont continues à support compact sur N , où p et a sont continues non nulles à support compact sur K , et où $\int_N q(n)\ dn = 0$.

Appliquons le lemme 2, en remarquant que, puisque K est abélien, on a

$p_{(k)} = p$:

$$\left\| f_{\{k\}} \underset{G}{*} \varphi \right\|_{L^1(G)} = \int_N \int_K \left| f_{\{k\}} \underset{G}{*} \varphi(yx) \right| \delta(x)\ dy\ dx$$

$$= \int_N \int_K \left| \int_K p(u)\ a(u^{-1}x)\ \delta(x) \left(q_{[ku]} \underset{N}{*} b \right)_{[u^{-1}]} (y)\ du \right| dy\ dx$$

$$\leqslant \int_K \int_K |p(u)|\,|a(u^{-1}x)|\,\delta(x) \left\| \left(q_{[ku]} \underset{N}{*} b \right)_{[u^{-1}]} \right\|_{L^1(N)} du\ dx$$

$$= \int_K \int_K |p(u)|\ |a(u^{-1}x)|\ \delta(x) \left\| q_{[ku]} \underset{N}{*} b \right\|_{L^1(N)} du\ dx$$

$$= \int_K \int_K |\delta p(u)|\ |\delta a(u^{-1}x)| \left\| q_{[ku]} \underset{N}{*} b \right\|_{L^1(N)} du\ dx$$

$$= \| \delta a \|_{L^1(K)} \left| \int_K |\delta p(u)| \left\| q_{[ku]} \underset{N}{*} b \right\|_{L^1(N)} du \right. .$$

Soit A le support (compact) de p . En vertu du lemme 1 et de l'hypothèse $\int_N q(n)\ dn = 0$, il existe $S \in \mathfrak{F}$ telle que, quel que soit $k \in S$, on ait, pour tout $u \in A$,

$$\left\| q_{[ku]} \underset{N}{*} b \right\|_{L^1(N)} \leqslant \frac{\varepsilon}{\| \delta a \|_{L^1(K)}\ \| \delta p \|_{L^1(K)}} .$$

Il est clair que, pour tout $k \in S$, on a :

$$\left\| f_{\{k\}} * \varphi \right\|_{L^1(G)} \leqslant \varepsilon .$$

PROPOSITION. Soit un groupe localement compact $G = NK$, produit semi-direct de deux sous-groupes fermés N et K , où N est distingué et où K est abélien. Faisons l'hypothèse (H) qui a été citée plus haut. Soit J le noyau de l'homomorphisme canonique de $L^1(G)$ sur $L^1(G/N)$.

Soit I un idéal bilatère fermé de $L^1(G)$ tel que $I + J = L^1(G)$. Alors $I = L^1(G)$.

Démonstration. Soit e une fonction continue à support compact sur N , positive, et telle que $\int_N e(n)\, dn = 1$. Soit $(V_i)_{i \in I}$ un système fondamental de voisinages compacts de 1 dans K . Posons $c_i = \frac{1}{\text{mes } V_i} \chi_{V_i}$, où χ_{V_i} est la fonction caractéristique de V_i . Soit $e_i = e \otimes c_i$. Pour tout $k \in K$, posons :

$$e_{i,k} = (e \otimes c_i)_{\{k\}} = e_{[k]} \otimes c_i \ .$$

On a : $e_{i,k} \geq 0$; $\int_G e_{i,k}(g)\, dg = 1$; d'autre part, pour tout voisinage Ω de l'élément-neutre dans G , il existe, en vertu de l'hypothèse (H) , un $i_o \in I$ et une $S \in \mathfrak{F}$, tels que, pour tout $k \in S$, on ait : $\mathrm{supp}(e_{i_o,k}) \subset \Omega$.

Soit $f \in L^1(G)$. On veut prouver que f appartient à I . Soit $\varepsilon > 0$. D'après ce qu'on vient de dire des $e_{i,k}$, il existe $i_o \in I$ et $S_o \in \mathfrak{F}$ tels que, pour tout $k \in S_o$, on ait :

$$\| f - e_{i_o,k} * f \|_{L^1(G)} \leq \varepsilon/2 \ .$$

En vertu de l'hypothèse $L^1 = I + J$, on peut décomposer :

$$e_{i_o} = e'_{i_o} + e''_{i_o} \quad , \text{ où } e'_{i_o} \in I \ , \ e''_{i_o} \in J \ ,$$

et donc, pour tout $k \in K$,

$$e_{i_o,k} = e'_{i_o,k} + e''_{i_o,k} = (e'_{i_o})_{\{k\}} + (e''_{i_o})_{\{k\}} \ .$$

D'après le lemme 2, il existe $k_o \in S_o$ tel que

$$\| (e''_{i_o})_{\{k_o\}} * f \|_{L^1(G)} \leq \varepsilon/2 \ .$$

Alors :

$$\|f - (e'_{i_o})_{\{k_o\}} * f \|_{L^1(G)} \leq \|f - (e_{i_o})_{\{k_o\}} * f \|_{L^1(G)} + \|(e''_{i_o})_{\{k_o\}} * f \|_1 \leq \varepsilon \ .$$

Mais $e'_{i_o} \in I$, donc aussi $(e'_{i_o})_{\{k_o\}} \in I$, car I , idéal bilatère fermé de $L^1(G)$, est stable par translations à gauche et à droite. Donc $(e'_{i_o})_{\{k_o\}} * f \in I$.

Ainsi $f \in \bar{I} = I$.

THEOREME. <u>Soit un groupe localement compact</u> $G = NK$, <u>produit semi-direct de deux sous-groupes fermés</u> N <u>et</u> K , <u>où</u> N <u>est moyennable et distingué, et où</u> K <u>est abélien</u>. <u>Faisons l'hypothèse</u> (H) <u>qui a été citée plus haut</u>. <u>Alors</u> G <u>satisfait à la propriété de Wiener</u>.

<u>Démonstration</u>. Soit I un idéal bilatère fermé <u>propre</u> de $L^1(G)$. Soit J le noyau de l'homomorphisme canonique $\sigma : L^1(G) \longrightarrow L^1(G/N)$. Puisque le groupe N

est supposé moyennable, d'après H. Reiter [1] , Chap. VIII, p. 177, l'idéal $I + J$ est fermé dans $L^1(G)$. D'après la proposition précèdente, cet idéal $I + J$ est propre. Donc $\sigma(I)$ est un idéal bilatère fermé et propre de $L^1(G/N) \cong L^1(K)$. Puisque K est abélien, il satisfait au théorème taubérien de Wiener : il existe une représentation unitaire continue ω de K telle que $\omega[\sigma(I)] = \{0\}$. Posons $\pi = \omega \circ \tau$, où τ est l'homomorphisme canonique de G sur $G/N \simeq K$. Alors π est une représentation unitaire continue de G , et $\pi(I) = \{0\}$, c.q.f.d.

EXEMPLES :

1°) En prenant pour G le groupe des transformations linéaires affines de la droite : $g(k,n) : x \longmapsto kx + n$, où k et n sont réels, $k > 0$, pour N le sous-groupe des $g(1,n)$, pour K le sous-groupe des $g(k,0)$, grâce à la formule :

$$g(k,0)\ g(1,n)\ g(k^{-1},0) = g(1,kn) ,$$

on voit immédiatement que l'hypothèse (H) est ici satisfaite. Donc G satisfait à la propriété de Wiener : on retrouve le résultat de Müller-Römer. Mais le raisonnement marche tout aussi bien pour le groupe affine sur le corps $\mathbb{Q}_p$ des nombres p-adiques, i.e. des transformations $x \longmapsto ax + b$ de $\mathbb{Q}_p$, où $a \in Q_p^*$ et $b \in \mathbb{Q}_p$. Par contre, pour le groupe affine sur $\mathbb{R}$, muni de la topologie discrète, l'hypothèse (H_1) n'est pas vérifiée.

2°) Plus généralement, soit n un entier $\geqslant 1$. Soit K un sous-groupe abélien fermé de $G\ell(n, \mathbb{R})$, et soit G le <u>produit semi-direct de</u> K <u>avec le groupe</u> N <u>des translations de</u> $\mathbb{R}^n$. L'hypothèse (H) est remplie dès que 0 est adhérent à K dans l'espace de Banach des matrices carrées d'ordre n , par exemple si K contient les homothéties de rapport > 0 . On en déduit de <u>nouveaux groupes satisfaisant à la propriété de Wiener</u>. Par exemple, pour $n \neq 2$, c'est le cas pour le groupe des matrices :

$$\begin{pmatrix} a & 0 & n_1 \\ 0 & b & n_2 \\ 0 & 0 & 1 \end{pmatrix} , \quad \text{où} \quad \begin{cases} a > 0 \text{ , } b > 0 \text{ ;} \\ n_1 \text{ et } n_2 \text{ sont réels.} \end{cases}$$

ainsi que pour le groupe des matrices

$$\begin{pmatrix} a & c & n_1 \\ 0 & a & n_2 \\ 0 & 0 & 1 \end{pmatrix} , \quad \text{où} \quad \begin{matrix} a > 0 \text{ ;} \\ n_1 \text{ , } n_2 \text{ et } c \text{ sont réels.} \end{matrix}$$

et pour le groupe des similitudes affines

$$\begin{pmatrix} \lambda\cos t & \lambda\sin t & n_1 \\ -\lambda\sin t & \lambda\cos t & n_2 \\ 0 & 0 & 1 \end{pmatrix} , \quad \text{où} \quad \begin{cases} \lambda > 0 \text{ ;} \\ t \text{ ; } n_1 \text{ et } n_2 \text{ sont réels.} \end{cases}$$

Par contre, le groupe des <u>déplacements</u> du plan ne satisfait pas à l'hypothèse (H) .

BIBLIOGRAPHIE

BANACH S. [1] : Théorie des opérations linéaires, Warszawa, 1932.

BOURBAKI N. [1] : Espaces vectoriels topologiques, chap. I, II (Act. Sc. Ind, n° 1189, Hermann, Paris, 1953).

BOURBAKI N. [2] : Espaces vectoriels topologiques, chap. III, IV, V (Act. Sc. Ind, n° 1229, Hermann, Paris, 1955).

BOURBAKI N. [3] : Intégration, chap. VII, VIII (Act. Sc. Ind, n° 1306, Hermann, Paris, 1963).

DAY M. [1] : Fixed points theorems for compact convex sets, Illinois J. of Math, 5, 1961,'pp. 585-589 ; et 8, 1964, p. 713.

DELAROCHE C. et KIRILLOV A. [1] : Sur la relation entre l'espace dual d'un groupe et la structure de ses sous-groupes fermés, Séminaire Bourbaki, 1967/68, Exposé n° 343.

DERIGHETTI A. [1] : On the property (P_1) of locally compact groups, à paraître aux Commentarii Mathematici Helvetici, 46, 1971, pp. 226-239.

DERIGHETTI A. [2] : On weak containment, II, Notices of the A.M.S., 18, 1971, p. 834.

DIEUDONNE J. [1] : Sur le produit de composition, II, J. Math. Pures Appl., 39, 1960, pp. 275-292.

DIXMIER J. [1] : Les moyennes invariantes dans les semi-groupes et leurs applications, Acta Sci. Math. Szeged, 12 A, 1950, pp. 213-227.

DIXMIER J. [2] : Les C^*-algèbres et leurs représentations, Gauthier-Villars, Paris, 1964.

EHRENPREIS et MAUTNER [1] : Transactions A.M.S., 90, 1959, pp. 431-484.

EYMARD P. [2] : L'algèbre de Fourier d'un groupe localement compact, Bull. Soc. Math. France, 92, 1964, pp. 181-236.

EYMARD P. [1] : Sur les moyennes invariantes et les représentations unitaires, Comptes Rendus Acad. Sc. Paris, t. 272, p. 1649-1652, 1971.

FELL J.M.G. [1] : The dual spaces of C^*-algebras, Trans. Amer. Math. Soc., 94, 1960, pp. 365-403.

FELL J.M.G. [2] : Weak containment and induced representations of groups, Canadian Math. J., 14 (1962), pp. 237-268.

FELL J.M.G. [3] : Weak containment and induced representations of groups, II, Transactions Am. Math. Soc., 110, n° 3, 1964, pp. 424-447.

FURSTENBERG H. : A Poisson formula for semi-simple Lie Groups, Annals of Math., 77, 1963, pp. 335-386.

GELFAND I.M., GRAEV M.I. et VILENKINE N. YA. [1] : Generalized Functions, volume 5, New York 1966.

GELFAND I.M. et NAIMARK M.A. [1] : Représentations unitaires des groupes classiques (en russe), Steklow Math. Inst. Moscou, 1950.

GELFAND I.M. et GRAEV M.I. [1] : Geometry of homogeneous spaces, representations of groups in homogeneous spaces, and related questions of integral geometry, Am. Math. Soc. Translations, Ser 2, vol. 37.

GILBERT J. [1] : Convolution operators on $L^p(G)$ and properties of locally compact groups, Pacific J. Math. 24, 1968, pp. 257-268.

GLICKSBERG I. [1] : On convex hulls of translates, Pacific J. Math. 13, 1963, pp. 97-113.

GODEMENT R. [1] : Les fonctions de type positif et la théorie des groupes, Transactions Amer. Math. Soc., 63, 1948, pp. 1-84.

GREENLEAF F.P. [1] : Invariant means on topological groups, New York, 1969.

GREENLEAF F.P. [2] : Amenable actions of locally compact groups, Journal of Functional Analysis, 4, 1969, pp. 295-315.

HELGASON S. [1] : Differential geometry and Symmetric spaces, Ac. Press, New York, 1962.

HULANICKI A. [1] : Means and Følner conditions on locally compact groups, Studia Math 27, (1966), pp. 87-104.

HULANICKI A. [2] : On symmetry of group algebras of discrete nilpotent groups, Studia Math. 35, 1970, pp. 207-219.

KAZHDAN D.A. [1] : Sur la relation entre l'espace dual d'un groupe et la structure de ses sous-groupes fermés, Funkcional nyj Analiz, t. 1, n° 1, 1967, pp. 71-74 (en russe).

LEPTIN H. [1] : On a certain invariant of a locally compact group, Bull. Amer. Math. Soc. 72 (1966), pp. 870-874.

LEPTIN H. [2] : On locally compact groups with invariant means, Proc. Amer. Math. Soc. 19, 1968, pp. 489-494.

LEPTIN H. [3] : On group algebras of nilpotent groups, a paraître.

MACKEY G.W. [1] : Induced representations of locally compact groups. I, Ann. of Math. 55, 1952, pp. 101-139.

MULLER-ROEMER P. [1] : A Tauberian group algebra, a paraître aux Proceed. A.M.S.

REITER H. [2] : The convex hull of translates of a fonction in L^1, J. London Math. Soc. 35, 1960, pp. 5-16.

REITER H. [3] : On some properties of locally compact groups, Nederl. Akad. Wetensch. Indag. Math. 27, 1965, pp. 697-701.

REITER H. [1] : Classical harmonic Analysis and Locally compact groups, Oxford, 1968.

REITER H. [4] : Comptes Rendus Acad. Sc. Paris, t. 267, pp. 882-885, 1968.

RICKERT N.W. [1] : Amenable groups and groups with the fixed point property, Transactions Amer. Math. Soc. 127, 1967, pp. 221-232.

STEGEMAN J.D. [1] : On a property concerning locally compact groups, Nederl. Akad. Wetensch. Indag. Math. 27, 1965, pp. 702-3.

TOURE S. [1] : Sur quelques propriétés des espaces homogènes moyennables, Comptes Rendus Acad. Sc. Paris, 273, pp. 717-719, 1971.

von NEUMANN J. [1] : Zur allgemeinen Theorie des Masses, Fund. Math. 13, 1929, pp. 73-116.

WANG S.P. [1] : The dual space of semi-simple Lie groups, American J. of Math, 1969, pp. 921-937.

Lecture Notes in Mathematics

Comprehensive leaflet on request

Vol. 111: K. H. Mayer, Relationen zwischen charakteristischen Zahlen. III, 99 Seiten. 1969. DM 16,–

Vol. 112: Colloquium on Methods of Optimization. Edited by N. N. Moiseev. IV, 293 pages. 1970. DM 18,–

Vol. 113: R. Wille, Kongruenzklassengeometrien. III, 99 Seiten. 1970. DM 16,–

Vol. 114: H. Jacquet and R. P. Langlands, Automorphic Forms on GL (2). VII, 548 pages. 1970. DM 24,–

Vol. 115: K. H. Roggenkamp and V. Huber-Dyson, Lattices over Orders I. XIX, 290 pages. 1970. DM 18,–

Vol. 116: Sèminaire Pierre Lelong (Analyse) Année 1969. IV, 195 pages. 1970. DM 16,–

Vol. 117: Y. Meyer, Nombres de Pisot, Nombres de Salem et Analyse Harmonique. 63 pages. 1970. DM 16,–

Vol. 118: Proceedings of the 15th Scandinavian Congress, Oslo 1968. Edited by K. E. Aubert and W. Ljunggren. IV, 162 pages. 1970. DM 16,–

Vol. 119: M. Raynaud, Faisceaux amples sur les schémas en groupes et les espaces homogènes. III, 219 pages. 1970. DM 16,–

Vol. 120: D. Siefkes, Büchi's Monadic Second Order Successor Arithmetic. XII, 130 Seiten. 1970. DM 16,–

Vol. 121: H. S. Bear, Lectures on Gleason Parts. III, 47 pages. 1970. DM 16,–

Vol. 122: H. Zieschang, E. Vogt und H.-D. Coldewey, Flächen und ebene diskontinuierliche Gruppen. VIII, 203 Seiten. 1970. DM 16,–

Vol. 123: A. V. Jategaonkar, Left Principal Ideal Rings. VI, 145 pages. 1970. DM 16,–

Vol. 124: Séminare de Probabilités IV. Edited by P. A. Meyer. IV, 282 pages. 1970. DM 20,–

Vol. 125: Symposium on Automatic Demonstration. V, 310 pages. 1970. DM 20,–

Vol. 126: P. Schapira, Théorie des Hyperfonctions. XI, 157 pages. 1970. DM 16,–

Vol. 127: I. Stewart, Lie Algebras. IV, 97 pages. 1970. DM 16,–

Vol. 128: M. Takesaki, Tomita's Theory of Modular Hilbert Algebras and its Applications. II, 123 pages. 1970. DM 16,–

Vol. 129: K. H. Hofmann, The Duality of Compact Semigroups and C*- Bigebras. XII, 142 pages. 1970. DM 16,–

Vol. 130: F. Lorenz, Quadratische Formen über Körpern. II, 77 Seiten. 1970. DM 16,–

Vol. 131: A Borel et al., Seminar on Algebraic Groups and Related Finite Groups. VII, 321 pages. 1970. DM 22,–

Vol. 132: Symposium on Optimization. III, 348 pages. 1970. DM 22,–

Vol. 133: F. Topsøe, Topology and Measure. XIV, 79 pages. 1970. DM 16,–

Vol. 134: L. Smith, Lectures on the Eilenberg-Moore Spectral Sequence. VII, 142 pages. 1970. DM 16,–

Vol. 135: W. Stoll, Value Distribution of Holomorphic Maps into Compact Complex Manifolds. II, 267 pages. 1970. DM 18,–

Vol. 136: M. Karoubi et al., Séminaire Heidelberg-Saarbrücken-Strasbourg sur la K-Théorie. IV, 264 pages. 1970. DM 18,–

Vol. 137: Reports of the Midwest Category Seminar IV. Edited by S. MacLane. III, 139 pages. 1970. DM 16,–

Vol. 138: D. Foata et M. Schützenberger, Théorie Géométrique des Polynômes Eulériens. V, 94 pages. 1970. DM 16,–

Vol. 139: A. Badrikian, Séminaire sur les Fonctions Aléatoires Linéaires et les Mesures Cylindriques. VII, 221 pages. 1970. DM 18,–

Vol. 140: Lectures in Modern Analysis and Applications II. Edited by C. T. Taam. VI, 119 pages. 1970. DM 16,–

Vol. 141: G. Jameson, Ordered Linear Spaces. XV, 194 pages. 1970. DM 16,–

Vol. 142: K. W. Roggenkamp, Lattices over Orders II. V, 388 pages. 1970. DM 22,–

Vol. 143: K. W. Gruenberg, Cohomological Topics in Group Theory. XIV, 275 pages. 1970. DM 20,–

Vol. 144: Seminar on Differential Equations and Dynamical Systems, II. Edited by J. A. Yorke. VIII, 268 pages. 1970. DM 20,–

Vol. 145: E. J. Dubuc, Kan Extensions in Enriched Category Theory. XVI, 173 pages. 1970. DM 16,–

Vol. 146: A. B. Altman and S. Kleiman, Introduction to Grothendieck Duality Theory. II, 192 pages. 1970. DM 18,–

Vol. 147: D. E. Dobbs, Cech Cohomological Dimensions for Commutative Rings. VI, 176 pages. 1970. DM 16,–

Vol. 148: R. Azencott, Espaces de Poisson des Groupes Localement Compacts. IX, 141 pages. 1970. DM 16,–

Vol. 149: R. G. Swan and E. G. Evans, K-Theory of Finite Groups and Orders. IV, 237 pages. 1970. DM 20,–

Vol. 150: Heyer, Dualität lokalkompakter Gruppen. XIII, 372 Seiten. 1970. DM 20,–

Vol. 151: M. Demazure et A. Grothendieck, Schémas en Groupes I. (SGA 3). XV, 562 pages. 1970. DM 24,–

Vol. 152: M. Demazure et A. Grothendieck, Schémas en Groupes II. (SGA 3). IX, 654 pages. 1970. DM 24,–

Vol. 153: M. Demazure et A. Grothendieck, Schémas en Groupes III. (SGA 3). VIII, 529 pages. 1970. DM 24,–

Vol. 154: A. Lascoux et M. Berger, Variétés Kähleriennes Compactes. VII, 83 pages. 1970. DM 16,–

Vol. 155: Several Complex Variables I, Maryland 1970. Edited by J. Horváth. IV, 214 pages. 1970. DM 18,–

Vol. 156: R. Hartshorne, Ample Subvarieties of Algebraic Varieties. XIV, 256 pages. 1970. DM 20,–

Vol. 157: T. tom Dieck, K. H. Kamps und D. Puppe, Homotopietheorie. VI, 265 Seiten. 1970. DM 20,–

Vol. 158: T. G. Ostrom, Finite Translation Planes. IV. 112 pages. 1970. DM 16,–

Vol. 159: R. Ansorge und R. Hass. Konvergenz von Differenzenverfahren für lineare und nichtlineare Anfangswertaufgaben. VIII, 145 Seiten. 1970. DM 16,–

Vol. 160: L. Sucheston, Constributions to Ergodic Theory and Probability. VII, 277 pages. 1970. DM 20,–

Vol. 161: J. Stasheff, H-Spaces from a Homotopy Point of View. VI, 95 pages. 1970. DM 16,–

Vol. 162: Harish-Chandra and van Dijk, Harmonic Analysis on Reductive p-adic Groups. IV, 125 pages. 1970. DM 16,–

Vol. 163: P. Deligne, Equations Différentielles à Points Singuliers Reguliers. III, 133 pages. 1970. DM 16,–

Vol. 164: J. P. Ferrier, Seminaire sur les Algebres Complètes. II, 69 pages. 1970. DM 16,–

Vol. 165: J. M. Cohen, Stable Homotopy. V, 194 pages. 1970. DM 16.–

Vol. 166: A. J. Silberger, PGL_2 over the p-adics: its Representations, Spherical Functions, and Fourier Analysis. VII, 202 pages. 1970. DM 18,–

Vol. 167: Lavrentiev, Romanov and Vasiliev, Multidimensional Inverse Problems for Differential Equations. V, 59 pages. 1970. DM 16,–

Vol. 168: F. P. Peterson, The Steenrod Algebra and its Applications: A conference to Celebrate N. E. Steenrod's Sixtieth Birthday. VII, 317 pages. 1970. DM 22,–

Vol. 169: M. Raynaud, Anneaux Locaux Henséliens. V, 129 pages. 1970. DM 16,–

Vol. 170: Lectures in Modern Analysis and Applications III. Edited by C. T. Taam. VI, 213 pages. 1970. DM 18,–

Vol. 171: Set-Valued Mappings, Selections and Topological Properties of 2^X. Edited by W. M. Fleischman. X, 110 pages. 1970. DM 16,–

Vol. 172: Y.-T. Siu and G. Trautmann, Gap-Sheaves and Extension of Coherent Analytic Subsheaves. V, 172 pages. 1971. DM 16,–

Vol. 173: J. N. Mordeson and B. Vinograde, Structure of Arbitrary Purely Inseparable Extension Fields. IV, 138 pages. 1970. DM 16,–

Vol. 174: B. Iversen, Linear Determinants with Applications to the Picard Scheme of a Family of Algebraic Curves. VI, 69 pages. 1970. DM 16,–

Vol. 175: M. Brelot, On Topologies and Boundaries in Potential Theory. VI, 176 pages. 1971. DM 18,–

Vol. 176: H. Popp, Fundamentalgruppen algebraischer Mannigfaltigkeiten. IV, 154 Seiten. 1970. DM 16,–

Vol. 177: J. Lambek, Torsion Theories, Additive Semantics and Rings of Quotients. VI, 94 pages. 1971. DM 16,–

Please turn over